अनुक्रमणिका

ज़ख़्म सीते-सीते

डॉक्टर निम्मगड्डा उपेंद्रनाथ की कहानी

डॉ. अरविंद यादव

notionpress.com

INDIA • SINGAPORE • MALAYSIA

ISBN
Paperback 979-8-89186-357-6
Hardcase 979-8-89186-386-6

भूमिका

ज़िंदगी कई सबक़ सिखाती है। इंसान ज़िंदगीभर सबक़ सीखते रहता है। कई सबक़ ख़ुद के अनुभवों से मिलते हैं, तो कई सबक़ दूसरों के अनुभवों से। कई लोग ग़लतियों से ज़िंदगी के सबसे बड़े सबक़ सीखते हैं। कभी ख़ुद की ग़लती से, तो कभी दूसरों की ग़लती से। इंसान वही कामयाब होता है, जो सबक़ सीख लेने के बाद ग़लती नहीं दोहराता। सबक़ हमेशा सिर्फ़ जीत से ही नहीं मिलता है। सबक़ हार से भी मिलता है। जो सबक़ हार से मिलता है, वह कठोर होता है और लोग उसे भूलना पसंद नहीं करते। भूलने का मतलब होता है दुबारा हार।

कोई भी इंसान हारना नहीं चाहता। लेकिन कई इंसान संघर्ष से बचने के लिए हार स्वीकार कर लेते हैं। कुछ हार के डर से संघर्ष नहीं करते। संघर्ष से घबराकर कुछ बड़ा, कुछ अनूठा और अभूतपूर्व हासिल करने की सोचते भी नहीं हैं। कई लोग तो विपरीत परिस्थितियों से घबराकर हार मान लेते हैं। सही मायने में हारना हार नहीं, हार मान लेना हार है। हारने पर जो सबक़ मिलते हैं, उनके आधार पर जीत की बुनियाद रखी जा सकती है। दुनिया में कामयाबी की जितनी भी कहानियाँ लोकप्रिय हैं, उन सभी में कामयाबी की सबसे बड़ी वजह संघर्ष है।

इंसान के जीवन में सुख-दुःख, पीड़ा-उल्लास का चक्र चलता रहता है। संघर्ष जीवन का हिस्सा है। बिना संघर्ष के इंसान कामयाबियाँ हासिल नहीं कर सकता। जो लोग संघर्ष करने से डरते हैं, वे अपनी कहानी को दूसरों से अलग नहीं बना पाते हैं। इनकी ज़िंदगी आम इंसान की ज़िंदगी-सी होती है। इस ज़िंदगी से दूसरों को सीखने के लिए कुछ ख़ास नहीं मिलता। जो लोग संघर्ष करते हैं, संघर्ष के बल पर अनूठी कामयाबी हासिल करते हैं, उनकी कहानियाँ याद की जाती हैं।

भूमिका

महाकवि रामधारी सिंह 'दिनकर' ने अपनी कविता 'वीर' में संघर्षों से न घबराने वाले व्यक्ति के लक्षणों का बख़ूबी वर्णन किया है। दिनकर ने लिखा है,

सच है, विपत्ति जब आती है,
कायर को ही दहलाती है,
सूरमा नहीं विचलित होते,
क्षण एक नहीं धीरज खोते,
विघ्नों को गले लगाते हैं,
काँटों में राह बनाते हैं

मुँह से न कभी उफ़ कहते हैं,
संकट का चरण न गहते हैं,
जो आ पड़ता सब सहते हैं,
उद्योग-निरत नित रहते हैं,
शूलों का मूल नसाते हैं,
बढ़ ख़ुद विपत्ति पर छाते हैं।

है कौन विघ्न ऐसा जग में,
टिक सके आदमी के मग में?
खम ठोक ठेलता है जब नर,
पर्वत के जाते पाँव उखड़,
मानव जब ज़ोर लगाता है,
पत्थर पानी बन जाता है।

गुण बड़े एक से एक प्रखर,
हैं छिपे मानवों के भीतर,
मेंहदी में जैसे लाली हो,

वर्तिका-बीच उजियाली हो,

बत्ती जो नहीं जलाता है,

रोशनी नहीं वह पाता है।

यह किताब एक ऐसे व्यक्ति की जीवनी है, जिसने मेहनत की, संघर्ष किया। अपने सीखे हुनर से लोगों की सेवा की। डॉक्टर और सर्जन के रूप में कई मरीज़ों का इलाज किया। कई लोगों को नया जीवन दिया। कइयों की शारीरिक और मानसिक परेशानी दूर कर ज़िंदगी में नयी ख़ुशियाँ लायीं। कारोबार किया। कारोबारी दुनिया में धोका भी खाया, कई सबक़ सीखे। साथ ही ख़ूब धन-दौलत और शोहरत पायी।

डॉक्टर निम्मगड्डा उपेंद्रनाथ की कहानी कामयाबी की अनोखी कहानी है। इस कहानी से कई सारे सबक़ सीखने को मिलते हैं। ऐसे सबक़, जो कामयाबी की बुनियाद रखने में मददगार साबित हो सकते हैं।

उपेंद्रनाथ की ख़ूबी रही है कि जब वे कोई लक्ष्य तय कर लेते हैं, तब उस लक्ष्य को हासिल करने तक चैन की साँस नहीं लेते। लक्ष्य पाने के लिए वे अपना जी-जान लगा देते हैं। लक्ष्य से ध्यान भटकने नहीं देते। लक्ष्य भी उनके बड़े होते हैं, लेकिन वे ऐसे लक्ष्य निर्धारित नहीं करते, जिन्हें वे हासिल नहीं कर सकते।

उनकी एक और बड़ी ख़ूबी यह है कि जब तक उन्हें इस बात का भरोसा नहीं हो जाता कि वे काम करने के क़ाबिल हैं, तब तक वे उस काम में अपना हाथ नहीं डालते। सोच-समझकर, सीख-परखकर, पूरी तरह तैयार होने के बाद ही वे काम को, ज़िम्मेदारी को, अपने हाथ लेते हैं।

उपेंद्रनाथ की कहानी में एक लोकप्रिय डॉक्टर की विधवा के अपने सभी बच्चों को डॉक्टर बनाने की ज़िद है। इस ज़िद को पूरा करने के लिए किया गया त्याग है, परिश्रम है। त्याग और परिश्रम से मिली कामयाबी है। कामयाब बच्चों की अनोखी सफल दास्ताँ है। मेडिकल विद्यार्थी के जीवन से जुड़े रोचक क़िस्से हैं। प्रेम-प्रसंग हैं। ग़रीब मरीज़ों का दुःख है, पीड़ा है। भारत में चिकित्सा सुविधाओं की कमी का कड़वा सच है। डॉक्टरों की कमी की वजह से इलाज के लिए तड़पते लोगों की गाथा है। डॉक्टरी की डिग्री लेने के बाद एक युवक के श्रेष्ठतम सर्जन बनने की ललक है। इस दास्ताँ में ऊँची शिक्षा के लिए विदेश पलायन है। अमेरिका में दुनिया के सर्वोत्तम चिकित्सकों के बीच भारतीय ताक़त, हुनर और तेज बुद्धि का लोहा मनवाना है। एक डॉक्टर के नाते कई लोगों की जान बचाने के रोचक क़िस्से

हैं। एक डॉक्टर के कारोबारी बनने की कहानी है। कारोबार में होने वाली उठा-पटक की रोचक बातें हैं। एक प्रधानमंत्री और वित्त मंत्री की नीतियों से प्रभावित होकर स्वदेश लौटने और भारत के विकास में अपना योगदान देने की चाह है। इस चाह को पूरा करने लिए तन, मन, धन का समर्पण है। यह कहानी है, तय लक्ष्यों को हासिल करने के लिए किये गये समर्पण की। पेशे में, उद्यम में उत्कृष्टता हासिल करने की कोशिश में समर्पण की। समाज-सेवा, राष्ट्र-सेवा के प्रति समर्पण-भाव की।

उपेंद्रनाथ ने जीवन में वह सब हासिल किया है, जो उन्होंने चाहा। मनचाहा पाने की कोशिश में उन्होंने बहुत कुछ खोया भी है। उपेंद्रनाथ की कहानी एक सफल डॉक्टर के सफल डॉक्टर बेटा बनने की कहानी ही नहीं है, बल्कि यह एक व्यस्त डॉक्टर की व्यथा बयान करने वाली कहानी भी है।

उपेंद्रनाथ की कहानी में ज़िंदगी के कई रंग हैं। रंग ख़ुशी का है, तो रंग ग़म का भी है। रंग उमंग का है, तो रंग नैराश्य का भी है। जीत का रंग है, हार का भी रंग है।

उपेंद्रनाथ की ज़िंदगी से सीखने को बहुत कुछ है। अनुभव बहुत सिखाते हैं, लेकिन किताबें भी सबक़ सिखाती हैं। किताबों को पढ़कर मिलने वाले सबक़ से जीवन को जहाँ और भी सुखमय बनाया जा सकता है, वहीं पीड़ा और दुःख देने वाली घटनाओं को टाला भी जा सकता है।

उपेंद्रनाथ की उम्र अस्सी साल के क़रीब है। लेकिन वे अब भी सक्रिय हैं। अब वे अब मरीज़ों का इलाज नहीं करते, लेकिन एनआरआई मेडिकल कॉलेज के ज़रिये दुनिया को शानदार डॉक्टर देने की कोशिश में जुटे हुए हैं। एनआरआई हॉस्पिटल के ज़रिये ग़रीब लोगों का इलाज करवा रहे हैं। उपेंद्रनाथ ने कारोबार नहीं छोड़ा है, लेकिन अब ज़्यादा समय समाज-सेवा में लगा रहे हैं।

उम्मीद नहीं, बल्कि भरोसा है कि डॉक्टरी पेशे और कारोबार में रुचि रखने वालों के लिए ही नहीं,बल्कि सभी को इस जीवनी से कुछ अच्छा और ज़रूरी सीखने को मिलेगा। जी हाँ, किताबें भी सबक़ सिखाती हैं। कामयाब लोगों की जीवनी से कई सबक़ सीखने को मिलते हैं।

अरविंद यादव

arvindjournalist@gmail.com

01

जन्म

बदलाव की आँधी के बीच हुआ आगमन

इतिहास की किताबें बताती हैं कि बीसवीं सदी का चौथा दशक मानवीय इतिहास का सबसे भयानक समय रहा। इस दशक में दुनियाभर में उथल-पुथल मची रही। भय और अशांति का माहौल रहा। कई देशों में ग़रीबी और भुखमरी का तांडव रहा। विश्व युद्ध हुआ। इस दशक की शुरुआत से कुछ महीने पहले द्वितीय विश्व युद्ध की शुरुआत हुई थी। 1 सितंबर 1939 को शुरू हुए इस विश्व युद्ध में 61 देशों की थल, जल और वायु सेनाओं ने हिस्सा लिया। अलग-अलग देशों के लगभग 10 करोड़ सैनिक इस युद्ध में शामिल हुए। इस युद्ध के दौरान विश्व दो गुटों मे बँट गया था - मित्र राष्ट्र और धुरी राष्ट्र यानी ऐलाइड पावर्स और ऐक्सिस पावर्स। मित्र राष्ट्र में ब्रिटेन, संयुक्त राज्य अमेरिका, सोवियत संघ, चीन और उनके साथी देश थे। धुरी राष्ट्र में जापान, इटली, जर्मनी और उनके मित्र देश शामिल थे।

युद्ध काफ़ी भयानक था। विजय के लिए दोनों गुटों के देशों ने अपनी सारी ताक़त युद्ध में झोंक दी। आर्थिक, औद्योगिक तथा वैज्ञानिक क्षमता का पूरा इस्तेमाल किया। सभी देशों को भारी नुक़सान हुआ। इतिहास बताता है कि 2 सितंबर 1945 तक यानी छह साल चले इस विश्वयुद्ध में क़रीब सात करोड़ लोगों की जान गयी। युद्ध के दौरान सिर्फ़ सैनिक ही नहीं मारे गये, बल्कि कई आम नागरिक भी मारे गये, मार दिये गये। नरसंहार हुआ। पहली बार परमाणु बम का इस्तेमाल इसी युद्ध के दौरान हुआ। साल 1945 के अगस्त माह में अमेरिका ने जापान के हिरोशिमा और नागासाकी शहरों पर परमाणु बम गिराये। 6 अगस्त 1945 की सुबह क़रीब आठ बजे अमेरिकी वायुसेना ने जापान के हिरोशिमा पर यूरेनियम वाला परमाणु बम गिराया। इस हमले की वजह से कुछ पलों में शहर में हर तरफ़ बर्बादी का आलम छा गया। कई मकान, कई भवन तबाह हो गये। इतिहासकार बताते हैं

कि इस परमाणु बम हमले में क़रीब अस्सी हज़ार लोग मारे गये। कई विकलांग हुए। कई ज़ख़्मी हुए। इस हमले के तीन दिन बाद अमेरीका ने 9 अगस्त को ग्यारह बज कर दो मिनट पर नागासाकी शहर पर परमाणु बम गिराया। यूरेनियम से भी ज़्यादा शक्तिशाली और विनाशकारी इस प्लूटोनियम बम ने एक किलोमीटर के दायरे में लगभग सभी मकानों, भवनों को तबाह कर दिया। इस बार भी कुछ ही पलों में हज़ारों लोगों की जान चली गयी। इन हमलों से न सिर्फ़ दो शहर बर्बाद हुए, बल्कि जापान भी कमज़ोर पड़ गया। द्वितीय विश्वयुद्ध में हार स्वीकार करने वाला आख़िरी देश बना जापान।

यह युद्ध आधुनिक मानव इतिहास की सबसे भयानक त्रासदी साबित हुआ। लाखों लोगों की जान गयी। एक अनुमान के मुताबिक़, क़रीब सात करोड़ लोग इस युद्ध की वजह से मारे गये। इससे कई ज़्यादा लोग ज़ख़्मी हुए। कई विकलांग हुए। कई परिवार टूटकर बिखर गये। कइयों का आशियाना उनसे छिन गया। कई देशों की आर्थिक व्यवस्था चरमरा गयी। हर तरफ़ तबाही हुई। जल, थल और आकाश, सभी जगह और सभी मुमकिन तरीक़ों से हुए इस युद्ध की वजह से कई देशों में ग़रीबी बढ़ी।

युद्ध का प्रतिकूल असर दुनिया की आधी से ज़्यादा आबादी पर पड़ा। युद्ध के बाद भी बर्बादी नहीं रुकी। युद्ध में इस्तेमाल बमों की वजह से महामारियाँ फैलीं। अलग-अलग बीमारियों और भुखमरी की वजह से कई लोगों ने जान गँवाई। युद्ध की वजह से प्रभावित देशों को संभलने और आर्थिक संकट से उबरने में सालों लग गये। दूसरा विश्व युद्ध विनाश, पीड़ा और क्रोध का पर्याय बन गया।

चूँकि भारत के ज़्यादातर हिस्सों पर ब्रिटेन का क़ब्ज़ा था और भारत अंग्रेज़ों का उपनिवेश बन चुका था, ब्रिटेन ने भारत को युद्ध में शामिल होने पर मजबूर किया।

इतिहास की किताबों में लिखा है कि द्वितीय विश्वयुद्ध में बीस लाख से ज़्यादा भारतीय सैनिकों ने ब्रिटेन और उसके मित्र देशों की ओर से लड़ाई लड़ी। इतिहास के जानकारों के मुताबिक़, किसी अन्य के लिए इतनी बड़ी संख्या में किसी देश के सैनिकों ने कभी हिस्सा नहीं लिया। भारतीय सैनिकों ने एशिया, यूरोप और अफ़्रीक़ा महाद्वीपों में मित्र राष्ट्र की ओर से युद्ध किया। युद्ध में चौबीस हज़ार से ज़्यादा भारतीय भारतीय सैनिक शहीद हुए। कई विकलांग हुए। युद्ध की वजह से भारत को भी काफ़ी नुक़सान हुआ। अंग्रेज़ी हुकूमत ने भारत की अलग-अलग रियासतों को आर्थिक रूप से ब्रिटेन की मदद करने पर मजबूर किया था।

महत्वपूर्ण बात यह भी है कि एक तरफ़ जहाँ विश्व युद्ध चल रहा था, वहीं भारत में आज़ादी की लड़ाई परवान चढ़ने लगी थी। अंग्रेज़ी हुकूमत के ख़िलाफ़ आवाज़ बुलंद होने

लगी थी। भारत को मोहनदास करमचंद गांधी के रूप में आज़ादी की लड़ाई का महानायक मिल गया था।

साल 1942 में भारतीयों की आज़ादी की लड़ाई को एक नयी दशा और दिशा मिली। इसी साल अगस्त के महीने में बॉम्बे, जो कि अब बंबई के नाम से मशहूर है, में कांग्रेस का महाधिवेशन हुआ। इस महाधिवेशन में महात्मा गांधी ने अंग्रेज़ों को 'भारत छोड़ो' और भारतीयों को आज़ादी के लिए 'करो या मरो' का नारा दिया। महात्मा गांधी का संदेश साफ़ था। अंग्रेज़ों के ख़िलाफ़ लड़ाई तेज़ करने और आज़ादी हासिल करने तक शांत न रहने और कुछ भी कर गुजरने का अलल-एलान था। इस एलान से भौखलायी अंग्रेज़ी हुकूमत ने महात्मा गांधी के अलावा कई बड़े नेताओं का गिरफ़्तार कर लिया। इन गिरफ़्तारियों के बाद देशभर में अंग्रेज़ों के ख़िलाफ़ प्रदर्शन उग्र हो गये। प्रदर्शनकारियों पर क़ाबू पाने के लिए अंग्रेज़ों ने दमनकारी नीति अपनायी। लाठीचार्ज करवाया। आज़ादी के दीवानों पर गोलियाँ चलायीं। कई जगह स्वतंत्रता-सेनानियों पर बम बरसाये गये।

इसी दौरान 'नेताजी' सुभाषचंद्र बोस ने 'आज़ाद हिंद फ़ौज' की गतिविधियाँ तेज़ कर दीं। नेताजी ने "तुम मुझे ख़ून दो, मैं तुम्हें आज़ादी दूँगा" का नारा दिया था। यह नारा युवाओं में काफ़ी चर्चित हुआ और कई लोग इस नारे से प्रेरित होकर आज़ाद हिंद फ़ौज से जुड़े।

"क़दम क़दम बढ़ाये जा, ख़ुशी के गीत गाये जा
ये ज़िंदगी है क़ौम की, तू क़ौम पे लुटाये जा

तू शेर-ए-हिन्द आगे बढ़,मरने से तू कभी न डर
उड़ा के दुश्मनों का सर, जोश-ए-वतन बढ़ाये जा
हिम्मत तेरी बढ़ती रहे, ख़ुदा तेरी सुनता रहे
जो सामने तेरे खड़े, तू ख़ाक़ में मिलाये जा

चलो दिल्ली पुकार के,क़ौमी-निशाँ संभाल के
लाल क़िले पे गाड़ के, लहराये जा लहराये जा

क़दम क़दम बढ़ाये जा, ख़ुशी के गीत गाये जा
ये ज़िंदगी है क़ौम की, तू क़ौम पे लुटाये जा"

यही गीत आज़ाद हिंद फ़ौज का 'तेज़ क़दम ताल' गीत था। इस गीत ने युवाओं के मन पर गहरा असर डाला। कई युवा नेताजी की फ़ौज के लिए काम करने लगे।

अंग्रेज़ों को परेशान करने और भारत छोड़ने पर मजबूर करने के मक़सद से नेताजी ने अपनी सेना को जापान की मदद में लगा दिया। उन दिनों ब्रिटेन द्वितीय विश्वयुद्ध में जापान, जर्मनी, इटली और उनके मित्र देशों से उलझा हुआ था। अवसर का लाभ उठाते हुए नेताजी ने जापान की मदद से भारत के कई हिस्सों पर से अंग्रेज़ों के क़ब्ज़े को हटाना शुरू कर दिया था।

द्वितीय विश्वयुद्ध और भारतीय स्वतंत्रता-संग्राम अपने चरम पर था, तभी बंगाल (अविभाजित बंगाल) में अकाल पड़ा। यह अकाल सबसे भयानक था। लोग दाने-दाने को तरस गये। भुखमरी की वजह से हज़ारों लोगों की जान गयी। गाँवों में हालत सबसे ज़्यादा बुरी थी। लोग भुखमरी से बचने के लिए कलकत्ता और ढाका जैसे बड़े शहरों की ओर पलायन करने लगे। लेकिन हालत इतनी ख़राब थी कि कई लोगों की जान रास्ते में ही चली गयी। एक मुट्ठी अनाज के लिए लाखों लोग दर-दर भटके।

कई इतिहासकार भुखमरी की वजह से हुई मौतों के लिए अंग्रेज़ी हुकूमत को ज़िम्मेदार ठहराते हैं। द्वितीय विश्वयुद्ध के दौरान जापान ने बर्मा के कई इलाक़ों पर क़ब्ज़ा कर लिया था। बर्मा पर जापान ने इस वजह से हमला किया, क्योंकि बर्मा ब्रिटेन का उपनिवेश बन चुका था। जापान के बर्मा पर कब्ज़ा कर लेने के कुछ महीनों बाद बंगाल में अकाल पड़ा। अंग्रेज़ी हुकूमत ने भारत के अन्य क्षेत्रों से सूखा प्रभावित हिस्से तक अनाज पहुँचाने पर रोक लगा दी। अंग्रेज़ों का डर था कि उसके विरोधियों के हाथ अनाज लग जाएगा और वे इसे ज़रूरतमंद लोगों में बाँटकर उन्हें अग्रेज़ों के ख़िलाफ़ भड़काएँगे। कई इतिहासकार बताते हैं कि अंग्रेज़ों ने अपने स्वार्थों की रक्षा के लिए बंगाल को पूरी तरह नज़रअंदाज़ किया और इसकी वजह से एक मानवीय त्रासदी हुई। कुछ इतिहासकार इस त्रासदी के लिए उस समय ब्रिटेन के प्रधानमंत्री विंस्टन चर्चिल को सीधे ज़िम्मेदार ठहराते हैं। इन इतिहासकारों के मुताबिक़ द्वितीय विश्व युद्ध के दौरान विंस्टन चर्चिल ने जानबूझकर लाखों भारतीयों को भूखे मरने दिया। बर्मा पर जापान के क़ब्ज़े के बाद वहाँ से चावल का आयात रुक गया था और अंग्रेज़ी हुकूमत ने अपने सैनिकों और युद्ध में लगे अन्य लोगों के लिए चावल की जमाख़ोरी की। इतना ही नहीं, जापान के हमलों के डर से अंग्रेज़ी अफ़सरों ने बैलगाड़ियों, घोड़ागाड़ियों और नावों को ज़ब्त करने या फिर नष्ट करने का फ़रमान सुनाया। वाहन न होने की वजह से खाद्यान्न आपूर्ति व्यवस्था ठप पड़ गयी। खाद्यान्न की कमी की वजह से क़ीमतें आसमान छूने लगीं। ग़रीब लोगों पर मुसीबतों का पहाड़ टूट पड़ा। किसानों की

कमर टूट गयी। इस सूखे की वजह से तीस लाख से अधिक लोग मारे गये। उन दिनों की तस्वीरें अब भी लोगों के दिलों को दहला देती हैं।

इस बात में दो राय नहीं कि चालीस के दशक के दौरान दुनियाभर में बदलाव हो रहे थे। मामूली बदलाव नहीं, बल्कि बड़े और अभूतपूर्व बदलाव हो रहे थे। ऐसी घटनाएँ हो रही थीं, जो कि पहले कभी नहीं हुईं। नया इतिहास लिखा जा रहा था।

भारत में आज़ादी की लड़ाई निर्णायक मोड़ पर पहुँच गयी थी। पूरे देश में आज़ादी के लिए आंदोलन किये जा रहे थे। कोई भी गाँव, शहर और समुदाय ऐसा नहीं था, जो आज़ादी की लड़ाई से अछूता था। राष्ट्रीय नेताओं के आह्वन पर तरह-तरह के आंदोलन किये जा रहे थे। एक तरफ़ गांधीवादी थे तो दूसरी तरफ़ क्रांतिकारी। भगत सिंह, चंद्रशेखर आज़ाद, रामप्रसाद 'बिस्मिल', राजगुरु, सुखदेव जैसे शहीद क्रांतिकारियों के जीवन से प्रेरणा लेकर हुँकार भर रहे थे, "इंक़लाब ज़िंदाबाद" और पूरे जोश में अंग्रेज़ों को यह कहते हुए चुनौती दे रहे थे कि "सरफ़रोशी की तमन्ना अब हमारे दिल में है, देखना है ज़ोर कितना बाज़ू-ए-क़ातिल में है"। वहीं अहिंसावादी स्वतंत्रता-सेनानी 'वंदे मातरम्', 'अंग्रेज़ों भारत छोड़ो', 'आज़ादी हमारा जन्मसिद्ध अधिकार है' जैसे नारों के साथ ब्रितानी हुकूमत को हटाने के लिए जी-जान लगाकर संघर्ष कर रहे थे।

उन दिनों मद्रास पर भी अंग्रेज़ों की हुकूमत थी। मद्रास भारत में अंग्रेज़ों के सबसे बड़े प्रोविन्सों यानी प्रशासनिक अनुमंडलों में एक था। मौजूदा समय के तमिलनाडु और आंध्रप्रदेश राज्यों का समस्त भूभाग मद्रास प्रोविंस का हिस्सा था। इसके अलावा मौजूदा कर्नाटक और ओडिशा राज्यों का भी काफ़ी भूभाग मद्रास प्रोविंस में था।

मौजूद समय के आंध्रप्रदेश राज्य में गुंटूर ज़िले का तेनाली शहर भी मद्रास प्रोविंस का हिस्सा था। यह शहर हमेशा से कला, संस्कृति, साहित्य का प्रमुख केंद्र रहा। विजयनगर साम्राज्य के दौरान हुए महाराजा कृष्णदेव राय के 'अष्टदिग्गज' कवियों में तेनाली के रामकृष्ण भी एक थे। कृष्णदेव राय की गिनती उस दौर के सबसे शक्तिशाली राजाओं में होती थी। अपने शासनकाल में कृष्णदेव राय ने कला-संस्कृति और साहित्य को बहुत महत्व दिया। कृष्णदेव राय स्वयं कवि थे। कृष्ण देवराय के दरबार में तेलुगु साहित्य के आठ महोन्नत साहित्यकार थे और इन्हें 'अष्ट दिग्गज' कहा जाता था। अल्लसानि पेदन्ना, नंदी तिमन्ना, मदय्यागारि मलन्ना, अय्यलराजू रामभदरुडु, रामराजभूषणुडु, धूर्जटि, पिंगली सूरन्ना और तेनाली रामकृष्ण की ख्याति 'अष्ट दिग्गज' कवियों के रूप में थी।

तेनाली रामकृष्ण उच्च कोटि के साहित्यकार होने के साथ-साथ प्रशासनिक मामलों में दक्ष थे। इतिहास की किताबें बताती हैं कि रामकृष्ण महाराजा कृष्णदेव राय के सलाहकार

थे और उन्हें प्रशासन, दुश्मनों के ख़िलाफ़ रणनीति बनाने में मदद करते थे। कृष्णदेव राय और तेनाली रामकृष्ण के प्रसंग अब भी काफ़ी लोकप्रिय हैं। आगे चलकर अकबर-बीरबल की जोड़ी भी इसी तरह लोकप्रिय हुई। रामकृष्ण को उनकी बुद्धिमत्ता, विवेक, ज्ञान और हाज़िरजवाबी के लिए भी काफ़ी शोहरत मिली।

तेनाली हमेशा कला-संस्कृति का प्रमुख केंद्र बना रहा। यहीं से कई बड़े सामाजिक, राजनीतिक और सांस्कृतिक आंदोलनों की शुरुआत हुई। बीसवीं शताब्दी में तेनाली से एक और बहुलोकप्रिय कवि हुए त्रिपुरनेनि रामस्वामी चौधरी। अद्‌त रचनाओं के लिए 'कविराजु' के नाम से मशहूर हुए रामस्वामी चौधरी ने वर्ण-व्यवस्था, जातिवाद के ख़िलाफ़ एक सामाजिक आंदोलन की शुरू की। यह आंदोलन एक मायने में मनुस्मृति और ब्राह्मणवादी वर्चस्व के ख़िलाफ़ था। आगे इसी शहर के सूर्यदेवरा राघवय्या चौधरी ने भी जातिवादी व्यवस्था के ख़िलाफ़ नये आंदोलन की शुरुआत की। राघवय्या चौधरी और उनके साथियों ने समाज में ब्राह्मणों के वर्चस्व को चुनौती दी और धर्म-जाति के नाम पर शोषण के ख़िलाफ़ अपनी आवाज़ बुलंद की। आर्थिक और सामाजिक रूप से प्रभावशाली कम्मा जाति के इन नेताओं का कहना था कि शास्त्रों और पुराणों की रचना ब्राह्मणों ने की और इन रचनाओं का मक़सद समाज और व्यवस्था में सिर्फ़ ब्राह्मणों का वर्चस्व क़ायम रखना है। इस आंदोलन को 'स्वाभिमान की लड़ाई' का नाम दिया गया। इस आंदोलन के तहत कम्मा सामाजिक वर्ग के लोगों ने ब्राह्मणों से धार्मिक अनुष्ठान और कार्यक्रम करवाने बंद कर दिये। अपने समुदाय के लोगों को पुरोहित बनाया और सभी धार्मिक कार्यक्रम इन्हीं के हाथों करवाना शूरू किया।

स्वतंत्रता-आंदोलन के दौरान वामपंथी लोग हिंसा-मार्ग को अपनाये हुए थे। कई वामपंथी मानते थे कि शांति, अहिंसा से क्रांति नहीं आएगी। अंग्रेज़ों को देश से भगाने के लिए क्रांति ज़रूरी है और दुश्मन के ख़िलाफ़ युद्ध से ही क्रांति और आज़ादी संभव है। तेलंगाना प्रांत में भी वामपंथी नेता और कार्यकर्ता निज़ाम के निरंकुश और अत्याचारी रज़ाकारों पर जवाबी हमले कर रहे थे। वामपंथी आंध्र में भी अंग्रेज़ी ठिकानों को लगातार निशाना बना रहे थे। हैदराबाद रियासत में निज़ाम की सेना और आंध्र में अंग्रेज़ों की पुलिस वामपंथियों के पीछे हाथ धोकर पड़ी थी। सेना और पुलिस से बचने के लिए कई वामपंथी तेनाली में आकर छिप जाते थे। तेनाली और आसपास के इलाक़ों में वामपंथियों को संरक्षण देने वाले कई लोग थे। तेनाली में भी वामपंथी आंदोलन काफ़ी फला-फूला। कई लोग थे, जो वामपंथी विचारधारा और समाजवाद में विश्वास रखते थे।

एक बड़ी घटना 1942 में हुई और इस घटना की वजह से तेनाली की चर्चा दुनियाभर में हुई। अगस्त 1942 में बंबई में हुए कांग्रेस के महाधिवेशन के बाद अंग्रेज़ हुकूमत ने

गांधीजी को गिरफ़्तार कर लिया। इस गिरफ़्तारी के बाद देशभर में अंग्रेज़ों के ख़िलाफ़ आंदोलन तीव्र हो गये।

तेनाली में भी अंग्रेज़ों के ख़िलाफ़ जन-आक्रोश चरम पर पहुँच गया। स्थानीय कांग्रेसी नेताओं और प्रमुख स्वतंत्रता सेनानियों - कल्लूरि चंद्रमौली, वेलावोलु सीतारमैया और अवुतु सुब्बा रेड्डी ने अंग्रेज़ों के ख़िलाफ़ 'तेनाली बंद' का आह्वान किया। 12 अगस्त को हुए 'बंद' के दौरान अंग्रेज़ों के ख़िलाफ़ प्रदर्शन शुरू हुआ। तेनाली रेलवे स्टेशन के पास एक होटल को खुला देखकर आज़ादी के दीवानों ने उसे ज़बरन बंद करवा दिया। इतना ही नहीं, प्रदर्शनकारियों ने रेल रोकने की कोशिश भी की।

अंग्रेज़ी हुकूमत ने दमनकारी नीति अपनायी और तेनाली में लोगों को डराने के मक़सद से लाठीचार्ज और फायरिंग का आदेश दे दिया। गुंटूर से अतिरिक्त पुलिस बल तेनाली बुलवाया गया।

अंग्रेज़ पुलिस अधीक्षक ने प्रदर्शनकारियों पर गोली चलाने के आदेश दे दिये। पुलिस ने निहत्थे प्रदर्शनकारियों पर फायरिंग की। इस फायरिंग में सात सेनानियों की घटना-स्थल पर मौत हो गयी। माजेटि सुब्बा राव, श्रीगिरि लिंगम, लक्ष्मीनारायण, तम्मिनेनि सुब्बा रेड्डी, गालि रामकोटय्या, प्रयाग राघवय्या और जस्ति अपय्या शहीद हो गये। इस अमानवीय कृत्य की वजह से अंग्रेज़ों के ख़िलाफ़ लोगों का आक्रोश परवान चढ़ गया और आज़ादी की लड़ाई और भी तेज़ हो गयी। फायरिंग की इस घटना की दुनियाभर में निंदा हुई। तेनाली के बारे में दुनिया के कई लोगों को पता चला।

साल 1942 में तेनाली के मशहूर चिकित्सक डॉ. निम्मगड्डा सांभशिव राव और उनकी पत्नी पुष्पवती को दूसरी संतान हुई। दोनों ने प्यार से अपने बेटे का नाम उपेंद्रनाथ रखा।

02

विपत्ति

ग़रीबों का इलाज करते-करते परिवार को मझदार में छोड़ गये सांभशिव राव

सांभशिव राव एक चिकित्सक के रूप में काफ़ी लोकप्रिय थे। वे नेत्र-रोग विशेषज्ञ होने के साथ-साथ आधुनिक चिकित्सा विज्ञान के जानकार थे। उनके दवाख़ाने में मरीज़ों का ताँता लगा रहता था। इलाज करवाने के लिए दूर-दूर से लोग उनके दवाख़ाने आते थे। वे अपने ज़माने के सबसे व्यस्त डॉक्टर थे। सुबह से देर रात तक वे मरीज़ों के इलाज में व्यस्त रहते थे। कई लोग मानते थे कि सांभशिव राव के हाथ में शिफ़ा है। कई लोगों में यह धारणा थी कि सांभशिव राव की दी दवाई खाने के बाद रोग छूमंतर हो जाता है।

सांभशिव राव अपने परिवार के पहले चिकित्सक थे। उनके पिता तेनाली से क़रीब पाँच किलोमीटर दूर बसे दुग्गिराला गाँव में रहते थे। अच्छी-ख़ासी ज़मीन थी और इसी पर किसानी से परिवार की गुज़र-बसर होती थी। सांभशिव राव नौ भाई-बहन थे। वे अपने माता-पिता की दूसरी संतान थे। भाई-बहनों में सांभशिव राव सबसे तेज़ थे। उनकी बुद्धि कुशाग्र थी। स्मरण-शक्ति ग़ज़ब की थी। सांभशिव राव की प्रतिभा का अहसास होने के बाद पिता ने ठान लिया कि वे अपने बेटे को चिकित्सक बनाएँगे। उन दिनों भी समाज में चिकित्सक को काफ़ी सम्मान मिलता था। कई लोग चिकित्सकों को देवदूत कहते थे। कई तो ऐसे भी थे, जो डॉक्टर को भगवान मानते थे।

पिता ने सांभशिव राव का दाख़िला सरकारी स्कूल में करवाया। शुरू से ही सांभशिव राव पढ़ाई-लिखाई में दूसरे सभी विद्यार्थियों से आगे रहे। दसवीं कक्षा की परीक्षा में सांभशिव राव के नंबर अव्वल रहे। प्री-यूनिवर्सिटी कोर्स में सांभशिव राव का प्रदर्शन शानदार रहा। नंबर इतने अच्छे मिले कि उन्हें मद्रास के सरकारी मेडिकल कॉलेज में सीट मिल गयी। बैचलर ऑफ़ मेडिसिन, बैचलर ऑफ़ सर्जरी (एमबीबीएस) कोर्स में दाख़िला मिल गया।

कोर्स के पहले साल की पढ़ाई के बाद सांभशिव राव का तबादला विशाखापट्नम के आंध्र मेडिकल कॉलेज में कर दिया गया। कुछ ही दिनों पहले आंध्र मेडिकल कॉलेज की स्थापना हुई थी। सांभशिव राव ने आंध्र मेडिकल कॉलेज से एमबीबीएस की पढ़ाई पूरी की। जनरल मेडिसिन के अलावा सांभशिव राव ने नेत्र-रोग चिकित्सा विज्ञान में भी निपुणता हासिल की। एमबीबीएस की डिग्री लेने के बाद सांभशिव राव अपने शहर लौट आये और मरीज़ों का इलाज करना शुरू किया। उन दिनों आधुनिक चिकित्सा शास्त्र के जानकार यानी एलोपैथी के डॉक्टर बहुत कम थे। समय ऐसा था, जब लोगों में एलोपैथी पर विश्वास लगातार बढ़ता जा रहा था। अगर सांभशिव चाहते, तो वे मद्रास, विजयवाड़ा, गुंटूर, काकिनाडा, विशाखापट्नम जैसे बड़े शहरों में अपनी क्लीनिक या फिर अपना अस्पताल खोलकर प्रैक्टिस कर सकते थे। ऐसे करने पर उनकी आमदनी ज़्यादा होती। लेकिन सांभशिव राव अपने क्षेत्र में ग़रीब और ज़रूरतमंद लोगों की मजबूरियों से वाक़िफ़ थे। वे अपने क्षेत्र के लोगों की सेवा करना चाहते थे। इसी वजह से सांभशिव राव ने तेनाली में मरीज़ों का इलाज करना शुरू किया। जो लोग इलाज के लिए फीस देने में अक्षम थे, सांभशिव ने उनका बिना शुल्क लिये इलाज करना शुरू किया। कुछ दिनों में वे मशहूर हो गये। 'ग़रीबों का डॉक्टर' के रूप में उनकी ख्याति दूर-दूर तक फैली।

इसी दौरान पिता ने सांभशिव के लिए योग्य वधू की तलाश शुरू की। यह तलाश संगमजागर्लामूडि गाँव में रहने वाली युवती पुष्पवती पर आकर रुकी। पुष्पवती प्री-यूनिवर्सिटी कोर्स कर चुकी थीं। शिक्षित थीं और संस्कारी भी। पिता को लगा कि पुष्पवती ही सांभशिव के लिए सही जीवनसाथी होंगी। पारंपरिक रीति-रिवाजों के साथ सांभशिव राव और पुष्पवती का विवाह सम्पन्न हुआ।

शादी के कुछ साल बाद दोनों को पहली संतान हुई। बेटी का ज़ोरदार तरीक़े से स्वागत किया गया। बेटी का नाम अरुंधती रखा गया। इसके बाद 1942 में दूसरी संतान हुई। इस बार सांभशिव राव और पुष्पवती को लड़का हुआ। नाम रखा गया उपेंद्रनाथ। तीसरी संतान लड़की हुई, नाम रखा गया प्रफुल्ला। चौथी संतान के रूप में लड़का हुआ और माता-पिता ने नाम दिया लोकनाथ बाबू।

मरीज़ों के इलाज में सांभशिव राव इतना व्यस्त रहते थे कि उन्हें अपनी सेहत के बारे में सोचने का समय तक नहीं मिलता था। दिन-रात इलाज में लगे रहने की वजह से उनकी सेहत पर प्रतिकूल असर पड़ने लगा। उनका रक्तचाप असामान्य रहने लगा। एक लोकप्रिय और निपुण चिकित्सक होने के बावजूद वे ख़ुद उच्च रक्तचाप यानी हाइपरटेंशन के मरीज़ बन गये। सांभशिव राव को अहसास था कि उच्च रक्तचाप उनकी सेहत लगातार बिगाड़

रहा है। यह बीमारी हृदय, मस्तिष्क, किडनी जैसे शरीर के महत्वपूर्ण अंगों पर प्रतिकूल प्रभाव डाल सकती है। लोगों की सेवा में सांभशिव राव इतना मशग़ूल रहे कि उन्हें अपने स्वास्थ्य पर ध्यान देने का समय नहीं मिला।

एक दिन अचानक सांभशिव राव को दिल का दौरा पड़ा। दिल का दौरा इतना ज़बरदस्त था कि ख़ुद डॉक्टर होने के बावजूद सांभशिव अपनी जान नहीं बचा पाये। उनके दिन की धड़कनें थम गयीं। ग़रीबों का डॉक्टर लोगों का इलाज करते-करते ख़ुद का इलाज करने के लिए समय ही नहीं निकाल पाया।

सांभशिव राव के आकस्मिक निधन से तेनाली और आसपास के शहरों और गाँवों में शोक की लहर दौड़ गयी। ग़रीबों का मसीहा चला गया। परिवारवालों पर मुसीबतों का पहाड़ टूट पड़ा। पुष्पवती बेसुध होकर ज़मीन पर गिर पड़ीं। माँ की हालत देखकर बच्चे बिलख-बिलखकर रोने लगे। लोकनाथ के दूध के दाँत भी नहीं गये थे कि उस पर से पिता का साया उठ गया। सात साल के उपेंद्रनाथ को भी अहसास हुआ कि बहुत बुरा हुआ है।

03

प्रण

पति की तरह बच्चों को डॉक्टर बनाने का संकल्प लिया माँ ने

सांभशिव राव की अकाल मृत्यु के बाद पुष्पवती के भाई कोसराजू सुब्बा राव ने उन्हें अपने यहाँ बुला लिया। पुष्पवती बच्चों के साथ मायके आ गयीं। पुष्पवती के भाई और दूसरे रिश्तेदार गुंटूर और तेनाली शहरों के बीच बसे संगमजागर्लामूडि गाँव में रहते थे। पुष्पवती के पिता की मृत्यु हो चुकी थी। माँ सीता राम अंजम्मा और भाई सुब्बा राव ने पुष्पवती और उनके बच्चों की देखभाल की ज़िम्मेदारी अपने कंधों पर उठा ली।

संगमजागर्लामूडि पहुँचने के कुछ दिनों बाद पुष्पवती ने अपनी बड़ी बेटी और बेटे उपेंद्रनाथ का दाख़िला पास के ज़िला पंचायत स्कूल में करवा दिया। सरकारी स्कूल होने के बावजूद इस स्कूल में सारी सुविधाएँ मौजूद थीं। यह दूसरे सभी सरकारी स्कूलों से अलग था। यहाँ पर बच्चे ज़मीन पर बैठकर पढ़ाई-लिखाई नहीं करते थे, न ही बच्चों की कक्षाएँ किसी छायादार वृक्ष के नीचे होती थीं। इस स्कूल में बच्चों के लिए शानदार मेज़ और कुर्सियाँ थीं।

स्कूल बनवाने के लिए उस ज़माने के मशहूर समाज-सेवी कोत्ता रघुरामय्या ने अपनी ज़मीन सरकार को दी थी। ज़मीन देने के अलावा रघुरामय्या ने भवन के निर्माण और स्कूल चलाने के लिए ज़रूरी चीज़ों की ख़रीदारी के लिए भी बड़ी रक़म दान दी। रघुरामय्या आगे चलकर सांसद बने और केंद्र सरकार में मंत्री भी।

यह स्कूल उपेंद्रनाथ के ननिहाल से क़रीब ढाई किलोमीटर दूर था। हर दिन उपेंद्रनाथ स्कूल पैदल आते-जाते थे। गाँव के कुछ लड़के उनसे साथ स्कूल पढ़ने जाते थे। इसी वजह से दोस्तों के साथ मस्ती करते हुए उपेंद्रनाथ स्कूल आते-जाते थे। हमउम्र बच्चों के

साथ हँसते-बोलते, खेलते-कूदते आने-जाने की वजह से समय का पता नहीं चलता था। संगमेश्वर, किचय्या और माधव रेड्डी के साथ उपेंद्रनाथ की यारी जम गयी थी।

स्कूल में अनुशासन का कड़ाई से पालन होता। नियमित रूप से कक्षाएँ होतीं। आसपास के गाँवों की तुलना में यह स्कूल श्रेष्ठ था। दूसरे सभी स्कूलों की तुलना में यहाँ ज़्यादा बच्चे परीक्षा में पास होते थे। उन दिनों शिक्षा बोर्ड की परीक्षाओं में बहुत कम बच्चे पास होते थे। इस स्कूल के ज़्यादातर बच्चे बोर्ड की परीक्षा पास कर लेते थे। शिक्षक अनुभवी थे और बच्चों को मन से पढ़ाते थे। यही वजह थी कि रिज़ल्ट हमेशा अच्छा आता। अच्छे शिक्षकों की वजह से उपेंद्रनाथ की दिलचस्पी पढ़ाई-लिखाई में बढ़ी। विज्ञान और गणित उनके प्रिय विषय बन गये। उपेंद्रनाथ स्कूल की सभी गतिविधियों में हिस्सा लेते। दोस्तों के साथ घूमना-फिरना, खेलना-कूदना, सैर-सपाटा करना दिनचर्या का हिस्सा था।

दो शिक्षक ऐसे थे, जिनकी बातों का उपेंद्रनाथ के मन पर गहरा प्रभाव पड़ा। कोत्ता राज बाबाय नाम के शिक्षक उपेंद्रनाथ को बहुत पसंद थे। उनकी बातें बच्चों के मन में गहरे से उतर जातीं। उनके पढ़ाने का अंदाज़ कुछ ऐसा था कि बच्चे विषय-ज्ञान को आत्मसात कर लेते थे। राज बाबाय चाहते थे कि स्कूल का हर बच्चा बोर्ड की परीक्षा पास करे और आगे चलकर बड़ा और कामयाब आदमी बने।

शिक्षक भावय्या चौधरी से भी उपेंद्रनाथ काफ़ी प्रभावित थे। भावय्या चौधरी नियम-क़ायदों के मामले में सख़्त थे, लेकिन हमेशा बच्चों को अच्छे काम करने के लिए प्रेरित करते रहते।

वैसे तो उपेंद्रनाथ की बुद्धि काफ़ी तेज़ थी, लेकिन क्लास में वे कभी अव्वल नहीं रहे। विज्ञान और गणित में उनके नंबर हमेशा अच्छे रहे, परन्तु अंग्रेज़ी और तेलुगु में उनके नंबर साधारण रहे। ज्ञान-विज्ञान की बातें सुनने और पढ़ने में उपेंद्रनाथ को बहुत आनंद मिलता। शूरू से ही साहित्य और व्याकरण से उन्हें चिढ़ रही।

पिता की मौत के बाद से ही माँ पुष्पवती चाहती थीं कि उनके चारों बच्चे डॉक्टर बने। पुष्पवती के मन में यह बात गाँठ बाँधकर बैठ गयी थी कि समाज में डॉक्टर का स्थान सबसे ऊँचा है। लोग सबसे ज़्यादा सम्मान डॉक्टर को देते हैं। पुष्पवती से स्वयं देखा था कि उनके पति को लोग किस तरह देवता की तरह पूजते थे। हर कोई उनके पति के सामने नतमस्तक होता था। पति की अपार लोकप्रियता का गहरा असर पुष्पवती के मन-मस्तिष्क पर पड़ा था। उनकी बस अब एक तमन्ना ही रह गयी थी। यह तमन्ना थी, अपने सभी बच्चों को डॉक्टर बनाना और सभी को समाज-सेवा में लगाना।

पुष्पवती हर दिन अपने बच्चों से कहतीं कि उन्हें बड़ा होकर अपने पिता की तरह डॉक्टर बनना है। वे कहतीं, डॉक्टर बनना आसान नहीं होता। डॉक्टर बनने के लिए मन लगाकर पढ़ना होता है। दिन-रात मेहनत करनी होती है। माँ बार-बार कहतीं, बिना दर्द झेले कभी कुछ हासिल नहीं हो सकता। डॉक्टर बनने के लिए भी दर्द खेलने पड़ते हैं। डॉक्टर बन जाने के बाद इंसान दूसरों का दर्द दूर करता है। चारों बच्चे अच्छे से जान गये थे कि सभी को डॉक्टर बनाने की एक पक्की धुन माँ पर सवार है और अगर बच्चे आगे चलकर डॉक्टर नहीं बन पाये, तो वे टूट जाएँगी, बिखर जाएँगी।

स्कूल जाने वाले बच्चे नहीं जानते थे कि डॉक्टर कैसे बनते हैं। अपनी माँ की बातों से वे बस इतना समझ पाये थे कि डॉक्टर बनने के लिए परीक्षा में अच्छे नंबर लाने ज़रूरी हैं। उपेंद्रनाथ यही कोशिश करते कि उन्हें हर परीक्षा में अच्छे नंबर आएँ।

पुष्पवती को उस समय करारा झटका लगा, जब उनकी बड़ी बेटी अरुंधती परीक्षाओं में अच्छे नंबर नहीं ला पायी। पूछने पर बेटी ने बताया कि उसका मन पढ़ाई में नहीं लगता। माँ को बात समझ आ गयी। पुष्पवती ने कोई ज़ोर-ज़बरदस्ती नहीं की। मानोभाव समझकर माँ ने बेटी को अपनी इच्छानुसार काम करने की आज़ादी दे दी।

उपेंद्रनाथ की उम्र छोटी थी, लेकिन समझ बड़ी। उन्हें अहसास हो गया कि माँ की सारी उम्मीदें अब उन्हीं पर आ टिकी हैं। उपेंद्रनाथ ने ठान ली कि वे अपनी माँ के सपनों को पूरा करेंगे।

उपेंद्रनाथ ने पढ़ाई-लिखाई पर पहले से ज़्यादा ध्यान देना शूरू किया। क्लास-दर-क्लास आगे बढ़ते हुए उपेंद्रनाथ दसवीं कक्षा में पहुँच गये। वे अच्छे से जान गये थे कि दसवीं में होने का मतलब क्या होता है। इसी वजह से उनका अब सारा ध्यान अब पढ़ाई-लिखाई पर रहने लगा। क्लास में कभी अव्वल नहीं रहे, लेकिन सभी शिक्षक जान चुके थे कि उपेंद्रनाथ दसवीं की परीक्षाओं में अच्छे नंबर लाएँगे। शिक्षकों को उपेंद्रनाथ ने निराश नहीं किया। साल 1995 में हुई बोर्ड की परीक्षाओं में उपेंद्रनाथ पास हो गये। उन्हें 55 फ़ीसदी अंक मिले, जो कि उन दिनों काफ़ी अच्छे माने जाते थे। ये वे दिन थे, जब हर स्कूल के ज़्यादातर बच्चे दसवीं की परीक्षा में फेल हो जाते थे। बहुत कम बच्चे पास होते थे। पास होने वाले बच्चों में एक या दो ही फर्स्ट क्लास के नंबरों के साथ पास होते थे। कई स्कूल तो ऐसे भी थे, जहाँ से एक भी बच्चा दसवीं की परीक्षा पास नहीं कर पाता था। उपेंद्रनाथ के समय भी ऐसा ही हुआ। उनके कई सहपाठी दसवीं पास नहीं कर पाये।

बेटे के दसवीं पास होते ही माँ पुष्पवती का इस बात पर भरोसा बढ़ गया कि उनका लाड़ला बेटा आगे चलकर डॉक्टर बनेगा। ख़ास बात यह रही कि उस साल दसवीं पास

करने वाले बच्चों में सबसे छोटी उम्र के उपेंद्रनाथ ही थे। उन्होंने महज़ तेरह साल की उम्र में दसवीं की परीक्षा पास कर ली थी। यह भी एक बड़ी वजह थी कि माँ को यक़ीन हो गया कि उनका बेटा डॉक्टर बनने की राह पर है। गाय गुण बछड़ा, पिता गुण घोड़, बहुत नहीं तो थोड़ै थोड़।

04

आशाभंग

उम्र कम होने की वजह से नहीं हो पाया सरकारी मेडिकल कॉलेज में दाख़िला

माँ ने फ़ैसला कर लिया कि वे उपेंद्रनाथ की आगे की पढ़ाई के लिए उनका दाख़िला श्रेष्ठतम कॉलेज में करवाएँगी। हर तरफ़ पड़ताल करने के बाद पुष्पवती इस नतीजे पर पहुँचीं कि पिछले साल विजयवाड़ा शहर में स्थापित आंध्र लोयोला कॉलेज सबसे बढ़िया शिक्षा संस्थान है।

आंध्र लोयोला कॉलेज की स्थापना सोसाइटी ऑफ़ ज़ीजस के बिशपों यानी पादरियों ने की थी। अंग्रेज़ों के ज़माने में केथोलिक समाज के लोगों, विशेषकर सोसाइटी ऑफ़ ज़ीजस के सदस्यों, ने मद्रास प्रोविंस में कई शिक्षा संस्थाओं की स्थापना की। पादरियों ने यह सुनिश्चित किया कि इन शिक्षा संस्थाओं में सर्वोन्नत सुविधाएँ हों। शिक्षकों के चयन में भी सावधानियाँ बरती गयीं। योग्य और अनुभवी शिक्षकों को ही चुना गया।

सोसाइटी ऑफ़ ज़ीजस ने साल 1925 में मद्रास शहर में लोयोला कॉलेज नाम से एक निजी शिक्षा संस्थान की स्थापना की। इस कॉलेज की स्थापना में पादरी फ्राँसिस बर्ट्रम की सबसे महत्वपूर्ण भूमिका रही। फ्राँसिस बर्ट्रम ने लोयोला कॉलेज की परिकल्पना की थी। 23 जुलाई 1870 को फ्रांस में जन्मे फ्राँसिस बर्ट्रम धर्म-प्रचार के लिए भारत आये थे। यहाँ वे मदुरै मिशन के प्रभारी पादरी बुटेलेंट के मार्गदर्शन में काम करने लगे। फ्राँसिस बर्ट्रम ने साल 1908 से 1916 तक त्रिची के सेंट जोसेफ कॉलेज में प्राचार्य के रूप में कार्य किया। बर्ट्रम की दूरदर्शिता, लगन और मेहनत की वजह से सेंट जोसेफ कॉलेज का ख़ूब विकास हुआ और एक उन्नत शिक्षा संस्थान के रूप में इसकी ख्याति दूर-दूर तक पहुँची।

बर्ट्रम को लगा कि प्रोविंस के सबसे बड़े शहर मद्रास में भी ऐसा ही एक उत्कृष्ट शिक्षा संस्थान होना चाहिए। बर्ट्रम ने संकल्प ले लिया कि वे मद्रास में प्रोविंस का सर्वोन्नत शिक्षा संस्थान स्थापित करेंगे। साल 1925 में बर्ट्रम के संकल्प ने मूर्त रूप लिया। बर्ट्रम कॉलेज

के संस्थापक प्राचार्य बने। गुणवत्तापूर्ण शिक्षा की वजह से स्थापना के कुछ सालों बाद ही मद्रास के लोयोला कॉलेज की चर्चा देशभर में होने लगी।

लोयोला कॉलेज में पढ़ने के लिए दूर-दूर से विद्यार्थी मद्रास आने लगे। लेकिन यहाँ हर विद्यार्थी को दाख़िला नहीं दिया जाता। पहली से दसवीं कक्षा तक की परीक्षाओं में नंबर अच्छे होना ज़रूरी होता है। योग्यता परीक्षा में नंबरों के आधार पर संभावित विद्यार्थियों की सूची बनती है। सूची में शामिल विद्यार्थियों का इंटरव्यू लिया जाता है। प्राचार्यों को इंटरव्यू में योग्य लगने पर विद्यार्थो को कॉलेज में दाख़िला दिया जाता है। उन दिनों लोयोला कॉलेज में दाख़िले को बड़ी उपलब्धि माना जाता था। ऐसा माना जाता था कि लोयोला कॉलेज में दाख़िला मिलने पर विद्यार्थी का भविष्य अच्छा होगा। सर्वोन्नत शिक्षा की वजह से वह इंजीनियर, डॉक्टर या बड़ा अफ़सर बनेगा।

शिक्षा-जगत में लोकप्रियता के शिखर पर होने की वजह से दूर-दूर से विद्यार्थी दाख़िला लेने मद्रास के लोयोला कॉलेज आते हैं।

आज़ादी के बाद सोसाइटी ऑफ़ ज़ीजस के सदस्यों ने महसूस किया कि लोयोला कॉलेज में दाख़िला लेने के लिए आंध्र क्षेत्र के विद्यार्थी कई तरह की तकलीफ़ों का सामना करते हैं। दाख़िला मिलने पर कइयों को अपने घर-परिवार से मीलों दूर मद्रास जाकर पढ़ाई करनी पड़ती है। घर से दूर रहने की वजह से ख़र्च बहुत ज़्यादा होता है।

गुंटूर के इग्नेशियस मुम्मडि और दूसरे पादरियों ने सोसाइटी ऑफ़ ज़ीजस से लोयोला कॉलेज की तर्ज़ पर विजयवाड़ा में एक उत्कृष्ट उच्च शिक्षा संस्थान स्थापित करने का अनुरोध किया। इसके बाद मदुरै से सोसाइटी ऑफ़ ज़ीजस के कर्णम देवय्या विजयवाड़ा आये और शिक्षा संस्थान की स्थापना के लिए काम करना शूरू किया। जैसे ही स्थानीय लोगों को पता चला कि सोसाइटी ऑफ़ ज़ीजस विजयवाड़ा में उन्नत कोटि का एक शिक्षा संस्थान स्थापित करने की सोच रही है, कई समाज-सेवी मदद को आगे आये। कई लोगों की मदद की बदौलत विजयवाड़ा में भी लोयोला कॉलेज स्थापित हो गया। साल 1953 में विजयवाड़ा शहर में 111 एकड़ भूमि पर बने शिक्षा संस्थान को 'आंध्र लोयोला कॉलेज' नाम दिया गया और थेरो माथियास इसके पहले प्रिंसिपल बने।

साल 1954 से आंध्र लोयोला कॉलेज में कक्षाएँ शूरू हुई। श्रेष्ठ शिक्षकों को नियुक्त किया गया। विद्यार्थियों के चयन की प्रक्रिया मद्रास जैसी ही रखी गयी।

पुष्पवती जान गयी थीं कि आंध्र प्रांत में उच्च शिक्षा के लिए सबसे बढ़िया संस्थान आंध्र लोयोला कॉलेज ही है। इसी वजह से उन्होंने अपने बेटे उपेंद्रनाथ का दाख़िला इसी नये कॉलेज में करवाने का फ़ैसला किया।

दसवीं में दूसरे विद्यार्थियों की तुलना में नंबर अच्छे मिले थे, इस वजह से उपेंद्रनाथ का नाम योग्यता सूची में आ गया। इंटरव्यू भी अच्छा गया और उन्हें कॉलेज में दाख़िला मिल गया।

उपेंद्रनाथ आंध्र लोयोला कॉलेज के दूसरे बैच का हिस्सा बने। चूँकि माँ डॉक्टर बनाना चाहती थीं, उपेंद्रनाथ ने विज्ञान और गणित को अपना मुख्य विषय चुना। उन दिनों दसवीं पास करने के बाद जो कोर्स करना होता था, उसे प्री-यूनिवर्सिटी कोर्स कहा जाता था। दो साल के इस कोर्स में मुख्य रूप से तीन शाखाएँ होती हैं - विज्ञान, वाणिज्य, कला-मानविकी। उपेंद्रनाथ का दाख़िला विज्ञान शाखा में हुआ। उपेंद्रनाथ ने बायोलॉजी, फ़िज़िक्स और केमिस्ट्री को मुख्य विषय के रूप में चुना।

चूँकि कॉलेज उपेंद्रनाथ के गाँव से क़रीब पचास किलोमीटर दूर था, माँ ने हॉस्टल में बेटे को रखने का फ़ैसला लिया। कॉलेज ही नया-नया बना था, हॉस्टल अभी पूरी तरह से तैयार नहीं हुए थे। दूरदराज़ से आये विद्यार्थियों की सुविधा के लिए अस्थाई छात्रावास बनाये गये थे। ये छात्रावास एक मायने में झोपड़ी थे। पूरे दो साल तक इन्हीं झोपड़ीनुमा छात्रावास में रहते हुए उपेंद्रनाथ ने प्री-यूनिवर्सिटी की पढ़ाई की। उपेंद्रनाथ को अहसास था कि उनकी माँ उनसे डॉक्टर बनने की उम्मीद लगाये हुए हैं। अगर वे इस उम्मीद पर खरा नहीं उतरते हैं, तो माँ हमेशा दुखी रहेंगी और जीवन के प्रति उनके मन में उदासी आ जाएगी। यही वजह थी कि पढ़ाई के मामले में उपेंद्रनाथ ने कोई ढ़िलाई नहीं बरती। नतीजा यह हुआ कि अच्छे नंबरों से उपेंद्रनाथ ने प्री-यूनिवर्सिटी की परीक्षा पास कर ली। पंद्रह साल की उम्र में प्री-यूनिवर्सिटी परीक्षा पास करने वाले वे अकेले विद्यार्थी थे।

उन दिनों प्री-यूनिवर्सिटी परीक्षा में मिले नंबरों के आधार पर मेडिकल कॉलेज में दाख़िला मिलता था। जिसके ज़्यादा नंबर, उसे वरीयता मिलती थी। जिस तरह के नंबर उपेंद्रनाथ को मिले थे, उनके आधार पर वे मेडिकल कॉलेज में बैचलर ऑफ़ मेडिसिन, बैचलर ऑफ़ सर्जरी यानी एमबीबीएस कोर्स में दाख़िले के हक़दार थे। लेकिन यह वह वक़्त था, जब एमबीबीएस कोर्स में दाख़िले के लिए विद्यार्थी की उम्र कम से कम सत्रह साल होना अनिवार्य था। यानी उपेंद्रनाथ उम्र के मामले में पीछे रह गये, जबकि नंबरों के मामले में वे कइयों से काफ़ी आगे थे।

माँ बहुत निराश हुईं। उन्हें बड़ा झटका लगा। सदमा पहुँचा। इस झटके से उबरने में काफ़ी समय लगा। उन्हें लगा कि अब उनका बेटा डॉक्टर नहीं बन पाएगा। पुष्पवती की उम्मीदें अब अपनी छोटी बेटी प्रफुल्ला और सबसे छोटे बेटे लोकनाथ पर आ टिकीं।

05

सुयोग

क़िस्मत ने खोला डॉक्टर बनने का रास्ता

उपेंद्रनाथ ने आगे की पढ़ाई के लिए बैचलर इन साइंस यानी बीएससी पाठ्यक्रम में दाख़िला ले लिया।

क़िस्मत कहिये या माँ की दुआओं का नतीजा। कुछ घटनाएँ ऐसी हो रही थीं, जो आगे चलकर उपेंद्रनाथ को डॉक्टर बनाने वाली थीं।

देशभर में बड़े-बड़े उन्नत स्तरीय शोध और शिक्षा संस्थान खोले जा रहे थे। सरकार निजी शिक्षा संस्थाओं को बढ़ावा दे रही थी। चिकित्सा और स्वास्थ्य के मामले में शोध और शिक्षा संस्थाओं को प्रोत्साहित किया जा रहा था। इसी दौरान आज़ाद भारत में राज्यों का पुनर्गठन हुआ। इस पुनर्गठन में आंध्र के लोगों का बड़ा योगदान रहा। आज़ादी के समय आंध्र मद्रास प्रोविंस का हिस्सा हुआ करता था। आज़ादी के बाद मद्रास प्रोविंस में तमिलभाषियों का वर्चस्व था। तेलुगु भाषियों को लगा कि उनके साथ अन्याय हो रहा है और उनकी सांस्कृतिक और भाषाई पहचान खोती जा रही है। उन दिनों उत्तर और पश्चिम भारत में कई लोग तेलुगुभाषियों को मद्रासी कहकर संबोधित करते थे। यह बात तेलुगुभाषियों को काफ़ी खलने लगी। तेलुगुभाषियों के लिए अलग राज्य की माँग ज़ोर पकड़ने लगी। गांधीवादी नेता पोट्टि श्रीरामुलु अलग आंध्रप्रदेश राज्य की माँग के समर्थन में अनशन पर बैठ गये। अनशन के 56वें दिन, 15 दिसंबर 1952 को पोट्टि श्रीरामुलु का निधन हो गया। इस शहादत के बाद अलग आंध्रप्रदेश राज्य के लिए शुरू किया गया आंदोलन और भी तेज़ हो गया। प्रधानमंत्री जवाहरलाल नेहरू ने अलग आंध्र राज्य की घोषणा कर दी। तटीय आंध्र और रायलसीमा के ज़िलों को मिलाकर आंध्र राज्य बनाया गया। टन्गुटूरी प्रकाशम आंध्र राज्य के पहले मुख्यमंत्री बने। इसके बाद देशभर में भाषाई आधार पर राज्यों का पुनर्गठन करने की माँग उठी। इस माँग के कारण केंद्र सरकार ने राज्य पुनर्गठन आयोग बनाने का फ़ैसला किया।

22 दिसंबर 1953 को न्यायाधीश फ़ज़ल अली की अध्यक्षता में आज़ाद भारत के पहले राज्य पुनर्गठन आयोग का गठन हुआ। इस आयोग में तीन सदस्य थे। न्यायमूर्ति फ़ज़ल अली, हृदयनाथ कुंजरू और के. एम. पाणिक्कर वाले इस आयोग ने अलग-अलग लोगों, राजनेताओं, बुद्धिजीवियों आदि से विचार-विमर्श करने, स्थिति-परिस्थिति का अध्ययन करने के बाद 30 दिसंबर 1955 को अपनी रिपोर्ट सौंप दी। इस आयोग ने राष्ट्रीय एकता, प्रशासनिक और वित्तीय व्यवहार्यता, आर्थिक विकास, अल्पसंख्यक हितों की रक्षा और भाषा को राज्यों के पुनर्गठन का आधार बनाया। केंद्र सरकार ने इस आयोग की सिफ़ारिशें मान लीं। साल 1956 में राज्य पुनर्गठन अधिनियम बना, जिसे संसद ने अनुमोदित किया और इस तरह राज्यों के पुनर्गठन के तहत 14 राज्य तथा 6 केंद्र शासित प्रदेश बनाये गये। दक्षिण भारत में तमिलभाषियों का तमिलनाडु, तेलुगुभाषियों का आंध्रप्रदेश, मलयालम भाषियों का केरल और कन्नड़ भाषियों का कर्नाटक बना।

आंध्रप्रदेश राज्य 1 नवंबर, 1956 को अस्तित्व में आया। आंध्रप्रदेश में तेलंगाना को भी शामिल किया गया, जो कि आज़ादी से पहले निज़ाम शासित हैदराबाद रियासत का हिस्सा था। तेलंगाना को आंध्रप्रदेश में शामिल किये जाने से कई लोग पूरी तरह ख़ुश नहीं थे। कई लोग तेलंगाना को अलग राज्य बनाने की माँग कर रहे थे। लेकिन नेहरू ने इन्हें राज़ी करवाया। ग़ौर करने वाली बात यह है कि समस्त तेलंगाना क्षेत्र और कुछ मराठी और कन्नड़ भाषी बाहुल्य क्षेत्र हैदराबाद रियासत का हिस्सा थे, जिस पर निज़ाम का शासन था। 15 अगस्त, 1947 के दिन जब भारत को आज़ादी मिली, तब निज़ाम ने हैदराबाद रियासत को भारत में विलीन करने से मना कर दिया। इतिहास की किताबें बताती हैं कि निज़ाम हैदराबाद रियासत को अलग राष्ट्र के रूप में स्थापित करवाना चाहता था। इसके लिए वह भारत से विभाजित होकर बने पाकिस्तान से मदद लेने की फिराक में भी था। लेकिन ज़्यादातर लोग हैदराबाद को भारत में विलीन करवाने के पक्ष में थे। जहाँ 15 अगस्त, 1947 को भारत के ज़्यादातर इलाक़े अंग्रेज़ों के शासन से मुक्ति पाकर आज़ाद हो गये थे, वहीं हैदराबाद के लोगों के लिए आज़ादी की लड़ाई जारी थी। हैदराबाद रियासत में ज़्यादातर लोग हिंदू थे, लेकिन शासक मुसलमान था। सारे हिंदू चाहते थे कि अंग्रेज़ों के भारत छोड़कर चले जाने के बाद हैदराबाद रियासत भी भारत में विलीन हो जाये। लेकिन निज़ाम हैदराबाद को पाकिस्तान की तर्ज़ पर एक मुस्लिम राष्ट्र बनाना चाहता था, जिसका लोगों ने पुरज़ोर विरोध किया। इस विरोध को दबाने के लिए निज़ाम ने दमनकारी नीति अपनानी शूरू की। निज़ाम के शासन में क़ासिम रिज़वी के नेतृत्व वाली रज़ाकार सेना ने लोगों पर ज़ुल्म ढाने शूरू किये। लोगों की माँग पर तत्कालीन गृह मंत्री सरदार वल्लभभाई पटेल ने भारतीय सेना भेजकर 'पुलिस एक्शन' करवाया। निज़ाम की सेना ने भारतीय सेना

के सामने आत्मसमर्पण कर दिया। 18 सितंबर 1948 को हैदराबाद रियासत का भारत में विलय हो गया।

प्रधानमंत्री नेहरू ने जब राज्य पुनर्गठन आयोग बनाया, तब तेलंगाना क्षेत्र के लोगों ने अलग राज्य की माँग की। चूँकि तेलंगाना में भी ज़्यादातर लोग तेलुगु ही बोलते थे, तेलंगाना और आंध्र को मिलकर आंध्रप्रदेश राज्य बनाया गया, जिसका तेलंगाना के कई लोगों ने विरोध किया। चूँकि राज्यों के पुनगर्ठन का एक बड़ा आधार भाषा भी था, नेहरू ने नाराज़ नेताओं को राज़ी करवा लिया। हैदराबाद रियासत में मराठी भाषी बहुल ज़िले/ क्षेत्र महाराष्ट्र राज्य के अधीन गये, जबकि कन्नड़ भाषी बहुल क्षेत्र नवगठित कर्नाटक राज्य का हिस्सा बने।

तेलुगुभाषी बाहुल्य वाले नवगठित आंध्रप्रदेश राज्य के पहले मुख्यमंत्री बने नीलम संजीव रेड्डी। आंध्र के नेताओं और लोगों ने राज्य के बहुमुखी विकास के लिए काम करना शूरू किया। लोगों को उम्मीद थी कि नया राज्य बनने के बाद तेलुगुभाषी लोग हर क्षेत्र में तरक़्क़ी करेंगे। कई लोगों ने ख़ुद को 'विकास' के लिए समर्पित कर दिया।

उस ज़माने के मशहूर स्वतंत्रता सेनानी और राजनेता मंडलि वेंकटकृष्णा राव समाज के लिए कुछ बड़ा और ऐतिहासिक करना चाह रहे थे। वे मद्रास प्रोविंस में राजाजी चक्रवर्ती राजगोपालाचारी में मंत्रिमंडल में बतौर शिक्षा मंत्री काम कर चुके थे। वे चिकित्सा और शिक्षा के क्षेत्र में लोगों की मदद करना चाहते थे। आंध्र में एक नया मेडिकल कॉलेज खोलने का उनका सपना था। उधर एक और स्वतंत्रता सेनानी, राजनेता और समाज-सेवी दाट्ला सत्यनारायण राजू अपने क्षेत्र के विकास और लोगों की भलाई के लिए बड़ा कार्य करने का संकल्प लिये हुए थे।

पश्चिम गोदावरी ज़िले के पोडुरु में 28 अगस्त 1904 को जन्मे सत्यनारायण राजू शूरू से ही पढ़ाई-लिखाई में काफ़ी तेज़ थे। वे आगे चलकर डॉक्टर बने। उन्होंने विशाखापट्नम के आंध्र मेडिकल कॉलेज से एमबीबीएस की डिग्री हासिल की। लंदन और वियना में आधुनिक चिकित्सा-विज्ञान की पढ़ाई की। वे नेताजी सुभाषचंद्र बोस के निजी चिकित्सक रहे। आज़ादी के बाद साल 1957 में उन्होंने राजमंड्री से लोकसभा का चुनाव लड़ा और जीत हासिल कर सांसद बने। उन्हें गोदावरी ज़िलों में उन्नत स्तरीय चिकित्सा सुविधाओं की कमी बहुत खलती थी। वे गोदावरी ज़िलों के किसी एक शहर में बड़ा मेडिकल कॉलेज खोलना चाह रहे थे। उनकी इच्छा दिन-ब-दिन बलवती होती जा रही थी। जब उन्हें लगा कि मेडिकल कॉलेज शूरू करने में सरकार की कोई ख़ास दिलचस्पी नहीं है, तब उन्होंने निजी मेडिकल कॉलेज खोलने की ठान ली। चूँकि कृष्णा राव और सत्यनारायण राजू के

सपने और इरादे एक थे, वे साथ आ गये। जैसे-जैसे यह बात फैली कि दो बड़े राजनेता मेडिकल कॉलेज शूरू करने की कोशिश में हैं, तब कई लोग मदद को आगे आये। इसी दौरान डॉ. लक्कराजू सुब्बा राव के मकान पर हुई एक बैठक में मेडिकल कॉलेज की रूप रेखा तैयार हुई। इस बैठक में तत्कालीन मुख्यमंत्री नीलम संजीव रेड्डी भी मौजूद थे। इसी बैठक में पिठापुरम के महाराजा वेंकटकुमार महीपति सूर्या राव ने महलनुमा अनाथालय के भवनों को मेडिकल कॉलेज के लिए दानस्वरूप देने की घोषणा की। कुछ दिनों बाद समाज-सेवी कोटामर्ति वेंकन्ना ने साढ़े छह एकड़ ज़मीन दान दी। जाने-माने उद्योगपति मुल्लपुड़ी हरिश्चंद्र प्रसाद ने पाँच लाख रुपये का अनुदान दिया। इसी तरह दूसरे लोगों ने भी राशि दान की। दानदाताओं की वजह से काकिनाडा में मेडिकल कॉलेज की स्थापना हुई। कॉलेज का नामकरण सबसे बड़े दानदाता मुल्लपुड़ी हरिश्चंद्र प्रसाद के बहनोई पेंडयाला श्रीरामचंद्र वेंकटकृष्णा रंगा राव (रंगा) और दादा मुल्लपुड़ी वेंकट रायुडु (राया) के नामों पर किया गया। इस तरह काकिनाडा में बने मेडिकल कॉलेज का नाम पड़ा रंगराया मेडिकल कॉलेज। रंगराया मेडिकल कॉलेज आंध्रप्रदेश राज्य का पहला निजी मेडिकल कॉलेज बना। फिज़ीआलजी के जाने-माने विद्वान और पटना विश्वविद्यालय के पूर्व कुलपति बासुदेव नारायण मेडिकल कॉलेज के पहले प्रिंसिपल बने। वे इंडियन मेडिकल काउंसिल के उपाध्यक्ष भी थे। डॉ. एस. एल. बोस एनाटॉमी के पहले प्रोफ़ेसर बने। डॉ. डी. नारायण राव बायोकेमिस्ट्री के पहले प्रोफ़ेसर नियुक्त हुए। प्रबंधन ने यह सुनिश्चित किया कि विषय के बड़े जानकार ही मेडिकल कॉलेज में बतौर शिक्षक और प्रोफ़ेसर नियुक्त हों।

जैसी ही पुष्पवती को इस बात का पता चला कि काकिनाड़ा में एक निजी मेडिकल कॉलेज शुरू किया गया है, उपेंद्रनाथ को डॉक्टर बनाने की उम्मीद फिर से जागी। पुष्पवती पढ़ी-लिखी थीं और दुनियादारी जानती थीं। अख़बार पढ़ती थीं और आसपास की घटनाओं से अवगत रहती थीं। उनका ज़्यादा ध्यान बच्चों की पढ़ाई-लिखाई पर रहता था। वे बस एक सपना लेकर जी रही थीं। बच्चों को डॉक्टर बनने का सपना। वे शिक्षा से जुड़ी हर छोटी-बड़ी ख़बर पर नज़र रखती थीं।

जैसे ही उन्हें रंगराया मेडिकल कॉलेज के बारे में पता चला, उन्होंने समय गँवाये बिना अपने लाड़ले बेटे उपेंद्रनाथ का दाख़िला वहाँ करवाने का फ़ैसला कर लिया। चूँकि कॉलेज निजी था, विद्यार्थियों का चयन प्रबंधन के हाथ में था।

कॉलेज नया बन रहा था, इस वजह से प्रबंधकों को दानदाताओं की ज़रूरत थी। एमबीबीएस कोर्स के लिए फीस तय की गयी। कॉलेज के विकास के लिए दान देने वाले अभिभावकों के बच्चों को चयन- प्रक्रिया में तवज्जोह दी गयी।

रंगराया मेडिकल कॉलेज में उपेंद्रनाथ को दाख़िला देने के लिए छह हज़ार रुपये 'डोनेशन' माँगा गया। पुष्पवती ने बिना किसी संकोच के यह राशि अदा करने का फ़ैसला कर लिया। उन दिनों छह हज़ार की राशि बड़ी रक़म मानी जाती थी। कृष्णा, गुंटूर, पश्चिम गोदावरी और पूर्व गोदावरी ज़िलों में एक एकड़ उपजाऊ ज़मीन की कीमत छह हज़ार रुपये थी। इन दिनों इन ज़िलों में एक एकड़ उपजाऊ ज़मीन की कीमत एक करोड़ रुपये है। इसी बात से अंदाज़ा लगाया जा सकता है कि उन दिनों छह हज़ार रुपये के क्या मायने थे। पुष्पवती धन-संचय का महत्व जानती थीं। पति की विरासत को उन्होंने संभालकर रखा था। वे जानती थीं, गाँठ में जमा तो खातिर जमा।

साल 1959 में उपेंद्रनाथ को रंगराया मेडिकल कॉलेज में दाख़िला मिल गया। लोयोला कॉलेज से बीएससी की डिग्री लेते ही उपेंद्रनाथ मेडिकल विद्यार्थी बन गये।

06

अध्ययन

मन लगाकर की डॉक्टरी की पढ़ाई

उपेंद्रनाथ को इस बात का अहसास था कि उन्हें मेडिकल स्टूडेंट बनाने के लिए माँ ने कई त्याग किये हैं। सिर्फ़ और सिर्फ़ माँ की मेहनत, लगन और दृढ़ इच्छा-शक्ति की वजह से उन्हें मेडिकल कॉलेज में दाख़िला मिला है। उपेंद्रनाथ ने प्रण कर लिया कि वे मेडिसिन की पढ़ाई मन लगाकर करेंगे और परीक्षाओं में अच्छे नंबरों से पास होकर बड़ा डॉक्टर बनेंगे।

दिलचस्प बात यह रही कि उपेंद्रनाथ के सबसे छोटे चाचा निम्मगड्डा हरनाथ बाबू को भी इसी साल रंगराया मेडिकल कॉलेज में दाख़िला मिला। उपेंद्रनाथ के चाचा नौ भाई-बहनों में सबसे छोटे थे।

वैसे तो उपेंद्रनाथ को घर-परिवार से दूर छात्रावास में रहते हुए कॉलेज की पढ़ाई करने का अनुभव था, लेकिन चाचा का साथ मिलने की वजह से उन्हें काफ़ी राहत मिली। चाचा के साथ उपेंद्रनाथ काकिनाडा में रहने लगे।

मेडिकल कॉलेज के पहले दिन उपेंद्रनाथ का मन उत्साह और उमंग से भरा हुआ था। डॉक्टर बनने की राह पर वे आ पहुँचे थे। उन्होंने संकल्प कर लिया था कि पढ़ाई के मामले में वे किसी तरह की कोई ढ़िलाई नहीं बरतेंगे। साथ ही जी-जान लगाकर मेहनत करेंगे।

प्रबंधन को रंगराया मेडिकल कॉलेज में हर साल 100 विद्यार्थियों को एमबीबीएस कोर्स में दाख़िला देने की अनुमति मिली थी। साल 1959 में जिन 100 विद्यार्थियों को दाख़िला दिया गया था, उनमें सिर्फ़ आठ लड़कियाँ थीं।

आज-कल की तरह उन दिनों भी एमबीबीएस कोर्स के पहले साल में विद्यार्थियों को तीन विषयों - एनाटॉमी यानी शरीर-रचना-विज्ञान, बायोकेमिस्ट्री यानी जैवरसायन और फिज़ीआलजी यानी शरीर-क्रिया विज्ञान के बारे में पढ़ाया, समझाया जाता था।

चूँकि उपेंद्रनाथ लोयोला कॉलेज में बीएससी की पढ़ाई के दौरान बायोकेमिस्ट्री के बारे में पढ़ चुके थे, उन्हें इस विषय पर अपनी पकड़ मज़बूत करने में कोई दिक़्क़त नहीं हुई, जब कि कई विद्यार्थियों को इस विषय को समझने में काफ़ी परेशानी हुई। बायोकेमिस्ट्री के तहत जीवों के भीतर होने वाली रासायनिक क्रियाओं और प्रक्रियाओं का अध्ययन किया जाता है। एक मायने में बायोकेमिस्ट्री जीवित चीज़ों के रसायन-शास्त्र का अध्ययन है। इस अध्ययन में कार्बनिक अणु और उनकी रासायनिक क्रियाएँ और प्रतिक्रियाएँ भी शामिल हैं। बायोकेमिस्ट्री के तहत कार्बोहाइड्रेट, लिपिड, प्रोटीन, न्यूक्लिक एसिड जैसे जैविक अणुओं का भी गहराई से अध्ययन करना होता है।

सभी विद्यार्थियों को सबसे ज़्यादा दिक़्क़त एनाटॉमी की कक्षाओं में होती है। एनाटॉमी का मतलब जीवित चीज़ों में होने वाली रासायनिक प्रक्रियाओं का अध्ययन करना है। असल में किसी जीव, जीवित अथवा मृत, को काटकर, उसके अंग-प्रत्यंग की रचना का अध्ययन करना ही एनाटॉमी है।

क्लासरूम में एनाटॉमी की पढ़ाई के दौरान विद्यार्थियों को कोई ख़ास दिक़्क़त नहीं होती हैं, लेकिन जब उन्हें प्रयोगशाला ले जाया जाता है, तब नानी याद आती है। कइयों के पसीने छूटते हैं, तो कई चक्कर खाकर गिर जाते हैं।

एनाटॉमी की प्रयोगशाला में विद्यार्थियों को मानव के मृत शरीर की चीर-फाड़कर उसके अंगों का अध्ययन करना होता है। कई बार शव को देखते ही कुछ बच्चे उल्टी कर देते हैं। कुछ के हाथ-पाँव फूलने लगते हैं। कुछ को चक्कर आने लगता है। कुछ ऐसे भी होते हैं, जो शव को देखकर बेहोश हो जाते हैं। प्रयोगशाला में शव से आने वाली बदबू भी विद्यार्थियों को काफ़ी परेशान करती है।

उपेंद्रनाथ को शूरू के दो महीने एनाटॉमी की प्रयोगशाला में दिक़्क़तें पेश आयीं। लेकिन उन्होंने जल्द ही ख़ुद को संभाल लिया। कई विद्यार्थी छह महीने बाद भी एनाटॉमी की कक्षाओं में असहज रहते थे।

रंगराया मेडिकल कॉलेज में दाख़िले के पहले दिन से ही उपेंद्रनाथ के दिल पर यह बात कुंडली मारकर बैठ गयी थी कि उन्हें सर्जन यानी शल्य चिकित्सक बनना है। पिता भी शल्य चिकित्सक थे। शायद यही वजह थी कि उपेंद्रनाथ अपने पिता की तरह सर्जन बनना चाहते थे। उपेंद्रनाथ को अहसास था कि अगर सर्जन बनना है, तो मानव शरीर की चीर-फाड़ करनी होगी। साथ ही शरीर के सभी अंगों के बारे में गहन अध्ययन करना होगा। इसी बोध की वजह से उपेंद्रनाथ दूसरे सभी विद्यार्थियों की तुलना में एनाटॉमी प्रयोगशाला में

ज़्यादा समय बिताने लगे। कॉलेज के प्रोफ़ेसरों ने भी उपेंद्रनाथ को बताया कि व्यावहारिक दृष्टि से मानव शरीर रचना का अध्ययन अत्यंत महत्वपूर्ण है। मेडिकल के विद्यार्थी को शरीर-रचना का अध्ययन कई दृष्टि से करना होता है, जैसे रूप, स्थिति, आकार एवं अन्य रचनाओं से उनका संबंध। सर्जन बनने का मन बना चुके थे, इस वजह से शल्य चिकित्सा शरीर रचना विज्ञान यानी सर्जिकल एनाटॉमी उपेंद्रनाथ का प्रिय विषय बन गया।

एमबीबीएस के पहले साल के पाठ्यक्रम का तीसरा मुख्य विषय फिज़ीआलजी यानी शरीर-क्रिया विज्ञान है। शरीर-क्रिया विज्ञान चिकित्सा-विज्ञान की वह शाखा है, जिसमें शरीर में होने वाली अलग-अलग क्रियाओं का अध्ययन किया जाता है। यह जानने और समझने की कोशिश होती है कि शरीर में क्रियाएँ कैसे और क्यों होती हैं।

उपेंद्रनाथ जान गये थे कि शिक्षक कामयाबी का रास्ता दिखाते हैं, लेकिन रास्ते पर चलना ख़ुद को ही होता है। उपेंद्रनाथ ने मेहनत की और तीनों विषयों के ज्ञान को आत्मसात किया। जब परीक्षाएँ हुईं, तब उपेंद्रनाथ सभी में पास हुए। उपेंद्रनाथ उन आठ विद्यार्थियों में एक थे, जो सभी विषय की परीक्षाओं में पास हुए थे। क्लास, बैच के ज़्यादातर विद्यार्थी किसी न किसी विषय की परीक्षा में फेल हुए थे। कुछ तो ऐसे भी थे, जो तीनों मुख्य विषय की परीक्षाओं में फेल हुए थे। यह तेज़ बुद्धि, अद्‌भुत स्मरण-शक्ति, मेहनत और लगन का नतीजा था कि उपेंद्रनाथ सभी परीक्षाओं में पास हुए। जो आठ विद्यार्थी सभी सब्जेक्ट में पास हुए, उनमें उपेंद्रनाथ के चाचा भी थे। वेनिगल्ला उषा रानी एक मात्र ऐसी छात्रा थीं, जो सभी परीक्षाओं में पास हुई थीं।

07

प्रणय

प्यार हुआ, इक़रार हुआ

उषा रानी मध्यमवर्गीय परिवार से थीं। उनके पिता वेनिगल्ला अंजय्या के पास कुछ ट्रक थे और इन्हीं से होने वाली आमदनी से घर-परिवार चलता था। उषा की माँ ज़्यादा पढ़ी लिखी नहीं थीं। वे बस तीसरी क्लास तक स्कूल गयी थीं। लेकिन वे चाहती थीं कि उनकी तीनों संतानें ख़ूब पढ़ाई-लिखाई करें, बड़ी-बड़ी डिग्रियाँ हासिल करें और ख़ूब धन-दौलत और शोहरत कमाएँ। उषा तीन भाई-बहनों में सबसे छोटी थीं। उनके एक बड़े भाई और एक बड़ी बहन हैं।

उषा पढ़ाई में काफ़ी तेज़ थीं। प्री-यूनिवर्सिटी की परीक्षाओं में उन्हें अच्छे नंबर मिले थे। लेकिन नंबर इतने अच्छे भी नहीं थे कि उन्हें सरकारी मेडिकल कॉलेज में दाख़िला मिल जाता। लेकिन माँ की ज़िद थी कि बेटी को डॉक्टर बनाया जाये।

उषा की माँ को भी आंध्रप्रदेश में बने पहले निजी मेडिकल कॉलेज के बारे में पता चला। अब उन्होंने ठान ली कि चाहे जिनता ख़र्च हो, वे अपनी बेटी का दाख़िला इसी मेडिकल कॉलेज में करवाएँगी। लेकिन डोनेशन की रक़म बड़ी थी। उषा के पिता ने छह हज़ार रुपये लगाकर मेडिकल कॉलेज में दाख़िले के प्रस्ताव को ख़ारिज कर दिया। इससे नाराज़ उषा की माँ ने अपने सारे गहने लाकर पति के सामने रख दिये और कहा कि अगर आप डोनेशन की रक़म का इंतजाम नहीं कर सकते हैं, तो ये सारे गहने बेच दीजिये। पति को समझ आ गया कि जब तक उषा का दाख़िला मेडिकल कॉलेज में नहीं हो जाता, तब तक घर में सुख-शांति नहीं रहेगी। वेनिगल्ला अंजय्या ने डोनेशन की रक़म जुटायी और उषा का दाख़िला रंगराया मेडिकल कॉलेज में करवा दिया।

उषा पढ़ाई-लिखाई में तो तेज़ थी ही, वे खेलकूद और पाठ्यक्रमेतर सभी गतिविधियों में काफ़ी सक्रिय थीं। दिखने में जितनी ख़ूबसूरत थीं, बोली भी उनकी उतनी ही ख़ूबसूरत और मीठी थी। वे कॉलेज में सबकी चहेती थीं।

परीक्षाओं में उनका नंबर उपेंद्रनाथ के बाद आता था। उन दिनों भी क्लास में रोल नंबर अंग्रेज़ी वर्णों के अनुक्रम के हिसाब से होते थे। उपेंद्रनाथ के बाद उषा रानी का नाम आता था। उपेंद्रनाथ उषा की ख़ूबसूरती, उनकी बातों की मिठास और तेजतर्रार दिमाग़ से बहुत प्रभावित थे। हक़ीक़त में उन्हें उषा से प्यार हो गया था। वे ज़्यादा से ज़्यादा समय उषा के साथ बिताना चाहते थे। लेकिन कभी अपने प्यार का खुलकर इज़हार नहीं किया।

उषा को भी उपेंद्रनाथ पसंद आये। दोनों में दोस्ती हुई और दिन-ब-दिन दोस्ती तगड़ी होती चली गयी।

08

छात्रसैनिक

एनसीसी ने जीवन को आदर्शवान बनाने के लिए किया प्रेरित

उपेंद्रनाथ और उनके चाचा ने तीन सहपाठियों के साथ मिलकर कॉलेज परिसर के बाहर एक मकान किराये पर ले लिया। राघव राव, श्रीहरि, मनोहर, उपेंद्रनाथ और उनके चाचा हरनाथ बाबू ने कॉलेज परिसर में कुछ बिगडैल विद्यार्थियों के रवय्ये से तंग आ चुके थे। रंगराया कॉलेज में दाख़िला लेने वाले ज़्यादातर विद्यार्थी रईस घरानों से थे। इनमें कई लोग शालीन थे। लेकिन कुछ ऐसे थे, जो अपने घरवालों के ऐश्वर्य और संपदा का खुला प्रदर्शन करते थे। इन विद्यार्थियों की दिलचस्पी पढ़ाई-लिखाई में कम और शान-ओ-शौकत के दिखावे में ज़्यादा थी। ये दूसरे विद्यार्थियों को उनके साथ सैर-सपाटे के लिए चलने, मौज-मस्ती करने के लिए उकसाते थे। यही वजह थी कि एक सोच और एक लक्ष्य वाले पाँच विद्यार्थियों ने मिलकर कॉलेज परिसर के बाहर रहने और पढ़ाई-लिखाई पर समुचित ध्यान देने का फ़ैसला लिया।

इन पाँचों की दिलचस्पी शैक्षणिक गतिविधियों में ज़्यादा थी। पाँचों काफ़ी घुल-मिल गये थे और अक्सर एक साथ पढ़ाई करते थे। घूमने-फिरने कहीं जाना होता, तब भी ये पाँचों हमेशा साथ होते। मनोरंजन के लिए उपेंद्रनाथ कभी-कभी अपने साथियों के साथ मिलकर क्रिकेट खेला करते थे। उपेंद्रनाथ राष्ट्रीय कैडेट कोर यानी एनसीसी का भी हिस्सा बने।

राष्ट्रीय कैडेट कोर के मुख्य रूप से तीन लक्ष्य हैं। पहला, देश के सभी क्षेत्रों में नेतृत्व प्रदान करने के लिए संगठित प्रशिक्षित और प्रेरित युवाओं का मानव संसाधन बनाना।

दूसरा, सशस्त्र बलों में कैरियर बनाने के लिए युवाओं को प्रेरित करना। और तीसरा, युवाओं में चरित्र-निर्माण, कामरेडशिप, अनुशासन, धर्मनिरपेक्ष दृष्टिकोण, साहस की भावना तथा स्वयंसेवा के आदर्शों को विकसित करना। स्कूल, कॉलेज और अन्य शिक्षण संस्थाओं

के विद्यार्थी एनसीसी में जुड़ सकते हैं। एनसीसी में शामिल होने के बाद विद्यार्थियों को विशेष प्रशिक्षण दिया जाता है। प्रशिक्षण के दौरान समाज-सेवा, अनुशासन, चरित्र-निर्माण, परिश्रम की सीख दी जाती है। सीनियर छात्रों की ट्रेनिंग सुरक्षा बलों के जवानों की तर्ज़ पर होती है।

एनसीसी में शामिल होने पर कैडेटों को शपथ दिलायी जाती है, जो कि इस प्रकार है -

"हम राष्ट्रीय कैडेट कोर के कैडेट

हम शपथ लेते हैं कि भारत की एकता को हमेशा बनाये रखेंगे।

हम संकल्प लेते हैं कि हम अपने राष्ट्र के अनुशासित तथा ज़िम्मेदार नागरिक बनेंगे।

हम वचन देते हैं कि निःस्वार्थ भाव से सामुदायिक सेवा करेंगे तथा साथियों के प्रति लगाव बनाये रखेंगे।"

प्रशिक्षण हासिल करने वाले विद्यार्थियों को एनसीसी तीन तरह के सर्टिफ़िकेट देता है, जिसमें 'ए', 'बी' और 'सी' ग्रेड शामिल हैं और इसमें सर्वोच्च ग्रेड 'सी' होती है। इस ग्रेड में भी 'ए','बी','सी' आदि पॉइंट दिये जाते हैं, यानी सर्वोच्च सर्टिफ़िकेट 'सी एल्फा ए' होता है। 'ए' से लेकर 'सी' तक परीक्षा और ट्रेनिंग कठोर होती चली जाती है और भारतीय सेना के वरिष्ठ अधिकारी, कर्नल रैंक के अधिकारी, इन परीक्षाओं और ग्रेड पर नज़र रखते हैं। 'सी' सर्टिफ़िकेट उन छात्रों को दिया जाता है, जिन्होंने काफ़ी मुश्किल फिज़िकल ट्रेनिंग एग्जाम को 'बी' ग्रेड से भी अच्छे ढंग से पास किया हो। इन सर्टिफ़िकेट से विद्यार्थियों को कई फ़ायदे होते हैं। 'ए' सर्टिफ़िकेट से उम्मीदवार कंपनी सार्जेंट मेजर यानी सीएसएम तक का पद हासिल कर सकते हैं, जबकि 'बी' सर्टिफ़िकेट से जूनियर अंडर ऑफिसर यानी जेयूओ और 'सी' सर्टिफ़िकेट से कंपनी सीनियर अंडर ऑफिसर यानी सीएसयूओ का पद पा सकते हैं। एनसीसी से 'सी' सर्टिफ़िकेट प्राप्त छात्रों को सेना, अर्धसैनिक बलों के अलावा विभिन्न सरकारी कार्यालयों में नौकरी पाने में आसानी रहती है। 'सी' सर्टिफ़िकेट हासिल करने के बाद उम्मीदवारों को सोल्डर जीडी कैटेगरी और सोल्टर टेक में 10 फ़ीसदी अंक का फ़ायदा होता है। वहीं वायुसेना और जलसेना की नियुक्ति में भी इसका फ़ायदा होता है। वायुसेना में 5 अंक, सीमा सुरक्षा बल में 10 अंक का फ़ायदा मिलता है। उच्च शिक्षा के लिए विभिन्न विश्वविद्यालयों-कॉलेजों में एडमिशन में भी एनसीसी से मिले सर्टिफ़िकेट का बहुत महत्व है। एनसीसी उम्मीदवारों के लिए अलग से सीटें आवंटित रहती हैं। मेडिकल कॉलेज हो या इंजीनियरिंग कॉलेज, हर शैक्षणिक संस्थान में एनसीसी कैडेटों के लिए कुछ निर्धारित सीटें आरक्षित रहती हैं। एनसीसी में शामिल होने की वजह से उपेंद्रनाथ के मन में राष्ट्र-प्रेम जागृत हुआ।

09

अनन्य

लेक्चर के दौरान लिखे नोट्स साबित हुए फ़ायदेमंद

उपेंद्रनाथ की एक ख़ूबी थी। जब भी क्लास होती, वे अपने लेक्चरर को बस सुन नहीं रहे होते, वे नोट्स भी लिख रहे होते। ज़्यादातर विद्यार्थी नोट्स नहीं लिखते थे। वे बस लेक्चर सुनते थे और सुनकर ही समझने की कोशिश करते थे। उपेंद्रनाथ इन सब से अलग थे। नोट्स लिखने के बाद जब वे कमरे पर लौटते थे, तब नोट्स को एक बार फिर पढ़ते और विषय को आत्मसात कर लेते थे। यही वजह थी कि परीक्षाओं के समय जब दूसरे सभी विद्यार्थी यह तो रट्टा मार रहे होते या पढ़ायी गयी बातों को दुबारा याद कर रहे होते, उपेंद्रनाथ निश्चिंत रहते। एक तरह जहाँ कई विद्यार्थी परीक्षा का नाम सुनकर ही डर जाते थे, उपेंद्रनाथ परीक्षाओं से घबराते नहीं थे और हमेशा उनके लिए तैयार रहते थे।

लिखित परीक्षा से उपेंद्रनाथ को बचपन से ही कभी डर नहीं लगा। लेकिन मेडिकल कॉलेज में होने वाली मौखिक परीक्षा चिंता में डाल देती थी। उन्हें इस बात की चिंता रहती थी कि परीक्षक न जाने क्या सवाल कर दें। उन्हें डर रहता कि परीक्षक शायद वह सवाल करेंगे, जिसके बारे में उन्हें मालूम नहीं है, यह फिर जिसके बारे में उन्होंने पढ़ा नहीं है। लेकिन हर बार उपेंद्रनाथ को मौखिक परीक्षा में भी अच्छे नंबर ही मिले।

एमबीबीएस पाठ्यक्रम का जब दूसरा साल शूरू हुआ, तब विद्यार्थियों को कम्युनिटी मेडिसिन यानी सामुदायिक चिकित्सा, फॉरेंसिक मेडिसिन, पैथोलॉजी यानी विकृति विज्ञान, फार्माकोलॉजी यानी औषध विज्ञान और माइक्रोबायोलॉजी यानी सूक्ष्मजीव-विज्ञान के बारे में बताया, सिखाया जाने लगा।

कॉलेज में पैथोलॉजी के प्रोफ़ेसर सुंदरशिव राव से उपेंद्रनाथ काफ़ी प्रभावित थे। पैथोलॉजी की प्रयोगशाला में माइक्रोस्कोप के बारे में बताते हुए सुंदरशिव राव ने एक बात

कही थी, जो उपेंद्रनाथ के मन में गहरे से समा गयी। प्रोफ़ेसर ने कहा था, "जिसके बारे में आपके मस्तिष्क को पता नहीं, वह चीज़ आपकी आँखें देख नहीं सकती हैं।" इस बात में एक बड़ा सिद्धांत छिपा हुआ था। चीज़ों को देखकर समझना एक बात है और चीज़ों के बारे में जानकर उन्हें देखना, दूसरी बड़ी बात। एक डॉक्टर के लिए बेहद ज़रूरी है कि वह हर चीज़ को अच्छे से देखे, समझे और उसका अध्ययन करे। तभी वह मरीज़ की असली समस्या, बीमारी के बारे में जान सकता है। बिना बीमारी का पता लगाये, सही इलाज संभव नहीं है।

सामान्य चिकित्सा विज्ञान के प्रोफ़ेसर डॉ. नारायण स्वामी के ज्ञान से भी उपेंद्रनाथ काफ़ी प्रभावित हुए। कर्नल राजू के नाम से मशहूर दाट्ला सत्यनारायण राजू के विराट व्यक्तित्व का भी गहरा असर उपेंद्रनाथ के मन-मस्तिष्क पर पड़ा।

एमबीबीएस की पढ़ाई के दौरान पहले दो साल का समय कक्षाओं और प्रयोगशालाओं में बीता। इन दो सालों में विद्यार्थियों को मरीज़ों को देखने, उनसे बातचीत करने का अवसर नहीं मिला। तीसरे साल में पढ़ाई से विद्यार्थियों को अपने प्रोफ़ेसरों और सहायक प्रोफ़ेसरों के साथ अस्पतालों का दौरा करने और मरीज़ों को देखना का अवसर मिलने लगा।

आंध्रप्रदेश सरकार ने पूर्व गोदावरी के ज़िला मुख्यालय अस्पताल को रंगराया मेडिकल कॉलेज के टीचिंग हॉस्पिटल यानी शिक्षण चिकित्सालय के रूप में अनुबद्ध किया था।

उपेंद्रनाथ भी दूसरे विद्यार्थियों की तरह प्रोफ़ेसरों और उनके सहायकों के साथ अस्पताल जाने लगे। लेकिन मेडिसिन के इन विद्यार्थियों को स्वतंत्र रूप से मरीज़ों का इलाज नहीं करने दिया जाता था। मरीज़ को देखने के बाद जो बातें प्रोफ़ेसर और उनके सहायक कहते थे, विद्यार्थियों को इन्हीं बातों को नोट करना होता था। अस्पताल का दौरा ख़त्म होने के बाद विद्यार्थियों को इन्हीं नोट्स के आधार पर अलग-अलग बीमारियों और उनके इलाज के बारे में जानना-समझना होता था। तीसरे साल विद्यार्थी अपने प्रोफ़ेसरों और उनके सहायकों को इलाज करते हुए देखकर सीखा करते थे। यही नियम था - देखना, अनुभव करना, समझना और सीखना। स्वतंत्र रूप से मरीज़ों का इलाज करने की मनाही थी।

जब स्त्री रोग और प्रसूति विज्ञान की कक्षाएँ शूरू हुईं, उपेंद्रनाथ और उषा रानी की दोस्ती परवान चढ़ी। दोनों को एक-दूसरे के साथ समय बिताने के मौक़े कई बार मिले। उपेंद्रनाथ उषा को चाय के लिए कॉलेज के बाहर ले जाने लगे। कॉलेज के सभी विद्यार्थी जान गये कि दोनों में प्यार हो गया है।

आगे चलकर उपेंद्रनाथ ने मनोरोग चिकित्सा, हड्डी रोग, चर्म रोग विज्ञान, नेत्र विज्ञान, कान-नाक और गला से जुड़े रोगों के इलाज की पद्धतियाँ, बालरोग विज्ञान, मनोरोग चिकित्सा, रेडियोलॉजी, ऐनिस्थीश़ आदि के बारे में सीखा।

10

परिणय

'हाउस सर्जन' के रूप में बहुत कुछ सीखा, शादी भी हुई

जब शल्यचिकित्सा सीखने की बारी आयी, तब उपेंद्रनाथ का मन बाग़-बाग़ हो गया। वे शल्य चिकित्सा में निपुणता हासिल करने के लिए बेताब हुए जा रहे थे। शूरू में उन्हें ऑपरेशन थिएटर में हो रही शल्य चिकित्सा को देखने के अवसर मिले। इसके बाद प्रोफ़ेसर शल्य चिकित्सा करते समय विद्यार्थियों को रोग और इलाज के बारे में समझाने लगे। इसके कुछ महीनों बाद विद्यार्थियों को प्रोफ़ेसरों की देख-रेख में छोटे-छोटे ऑपरेशन करने के अवसर मिलने लगे।

उपेंद्रनाथ ख़ुद से बड़े ऑपरेशन करना चाहते थे। लेकिन प्रोफ़ेसरों ने नियमों का हवाला देते हुए उन्हें ऐसा करने नहीं दिया। लेकिन कोई बड़ा ऑपरेशन करने के बाद मरीज़ की 'ड्रेसिंग' करने का काम उपेंद्रनाथ जैसे कुशल विद्यार्थियों को दिया जाने लगा। उपेंद्रनाथ काफ़ी उम्मीद लगाये हुए थे। उन्हें सर्जरी के मामले में निराशा हाथ लगी। वे उस तरह का ज्ञान हासिल नहीं कर पाये, जैसा कि वे हासिल करना चाहते थे।

चार साल की पढ़ाई के बाद उपेंद्रनाथ को हाउस सर्जन बनने का मौक़ा मिला। मेडिसिन के विद्यार्थियों को एक साल तक हाउस सर्जन के रूप में काम करना होता है। एक साल की अवधि में वे निर्धारित समय के दौरान अस्पताल में रहते हैं और इमरजेंसी वार्ड या फिर किसी दूसरे वार्ड में आने वाले मरीज़ों को अटेंड करते हैं। इसके बाद इलाज के लिए वे प्रोफ़ेसर या उनके सहायकों को बुलाते हैं और अपनी ओर से भी इलाज को लेकर सिफ़ारिश देते हैं। इन सिफ़ारिशों के आधार पर प्रोफ़ेसरों को पता चलता है कि विद्यार्थी रोग निर्धारण करने और रोग के निदान के लिए सही चिकित्सा पद्धति अपनाने में सक्षम हुआ है या नहीं।

हाउस सर्जन रहते हुए उपेंद्रनाथ कई दिलचस्प घटनाओं के साक्षी बने। एक बार वे अस्पताल में ड्यूटी पर थे। मध्य रात्रि के समय अस्पताल की नर्सों ने उन्हें तुरंत एक मरीज़ के पास चलने को कहा। नर्स ने बताया कि एक मरीज़ की हालत काफ़ी ख़राब है। जब उपेंद्रनाथ उस मरीज़ के पास पहुँचे, तब उन्होंने देखा कि मरीज़ को साँस लेने में तकलीफ़ हो रही थी, मानो उसका दम घुट रहा था। उपेंद्रनाथ ने मरीज़ की नाड़ी देखी। ब्लड प्रेशर चेक किया। दिल की धड़कनों को समझा। उपेंद्रनाथ को यक़ीन हो गया कि मरीज़ को दिल की बीमारी है। उपेंद्रनाथ ने शरीर से पानी को कम करने वाले दवाई लिखी। जब उपेंद्रनाथ पर्ची पर दवाई का नाम लिख रहे थे, तब मरीज़ ने उपेंद्रनाथ की कलाई पकड़ ली और कहा, "डॉक्टर साहब, मुझे बचा लो, मैं मरना नहीं चाहता। अगर आपने मुझे बचा लिया, तो मैं आपको सौ रुपये दूँगा।" इसके बाद उसकी आँखों से आँसुओं की बरसात होने लगी।

उपेंद्रनाथ ने ठाठस बँधाते हुए कहा, "आप चिंता मत करिये। धैर्य रखिये। मैं जो दवाई लिख रहा हूँ, उसे खा लीजियेगा। आप ठीक हो जाएँगे।"

मरीज़ को उपेंद्रनाथ की लिखी दवाई दी गयी। दवाई लेने के कुछ घंटों बाद मरीज़ की हालत में सुधार हुआ। लेकिन तीन दिन बाद उपेंद्रनाथ को पता चला कि मरीज़ की मौत हो गयी है।

एक और दिलचस्प घटना हुई। एक दिन एक महिला बुख़ार और पेट के निचले भाग में दर्द की शिकायत लेकर अस्पताल पहुँची। हाउस सर्जन के रूप में ड्यूटी पर उपेंद्रनाथ थे। मरीज़ की जाँच करने और उसकी शिकायतों को समझने के बाद उपेंद्रनाथ और उनके एक सहपाठी इस निष्कर्ष पर पहुँचे कि महिला को गॉल्स्टोन यानी पित्ताशय की पथरी की समस्या है। पित्ताशय में पथरी की वजह से महिला को बुख़ार है और उसे पेट के नीचे वाले हिस्सा में दर्द है। लेकिन इस निष्कर्ष से उपेंद्रनाथ के सूपरन्टेन्डन्ट, जो कि अस्पताल में असिस्टेंट सर्जन थे, सहमत नहीं हुए। असिस्टेंट सर्जन का कहना था कि महिला को पीलिया हुआ है। असिस्टेंट सर्जन ने उपेंद्रनाथ और उनके साथी पर तंज़ भी कसे। लेकिन दोनों चुप रहे और कोई प्रतिक्रिया नहीं दी।

बात प्रोफ़ेसर तक पहुँची। प्रोफ़ेसर भी पसोपेश में पड़ गये। दो दिन बाद प्रोफ़ेसर ने उपेंद्रनाथ और उनके साथी की सलाह मानते हुए पथरी निकालने के लिए ऑपरेशन करने का फ़ैसला किया। ऑपरेशन वाले दिन प्रोफ़ेसर ने असिस्टेंट सर्जन के साथ उपेंद्रनाथ और उनके साथी को भी मौजूद रहने का निर्देश दिया। ये वे दिन थे, जब मेडिकल कॉलेज में अल्ट्रासाउंड टेस्ट की सुविधा मौजूद नहीं थी। इसी वजह से कोई भी साफ़ तौर पर इस बात से इनकार नहीं कर सकता था कि पित्ताशय में पथरी नहीं है। बहरहाल प्रोफ़ेसर ने ऑपरेशन शूरू किया। ऑपरेशन से यह साफ़ हो गया कि पित्ताशय में पथरी की वजह

से महिला को दर्द और बुख़ार की शिकायत थी। उसे पीलिया नहीं हुआ था। ऑपरेशन के बाद असिस्टेंट सर्जन ने बहुत शर्मिंदगी महसूस की। उपेंद्रनाथ और उनके साथी शांत और सहज रहे। दोनों यह जानते थे कि ग़लती किसी से भी हो सकती है।

एक दिन ऐसी घटना हुई, जिससे रेसिडेंट मेडिकल ऑफिसर की शल्य चिकित्सा में अनुभवहीनता का पता चल गया। उस दिन कुछ विद्यार्थियों को सिखाने के लिए रेसिडेंट मेडिकल ऑफिसर को पुरुष नसबंदी करनी थी। एक पुरुष ऑपरेशन थिएटर लाया गया। रेसिडेंट मेडिकल ऑफिसर भी पहुँचे। छात्र पहले से ही ऑपरेशन थिएटर में मौजूद थे। ऑफिसर ने ऑपरेशन शूरू किया। काफ़ी समय बीत जाने के बाद भी वे 'स्पर्मेटिक कोर्ड' नहीं ढूँढ पाये।

लेकिन शल्य चिकित्सा विभाग के मुखिया डॉ. शंमुगेश्वर राव अनुभवी और बहुत क़ाबिल सर्जन थे। जब कभी डॉ. शंमुगेश्वर राव की क्लास होती, तब विद्यार्थियों को कई सारी नयी बातें सीखने को मिलतीं। डॉ. राव ने विद्यार्थियों को शल्य चिकित्सा से जुड़े कई पहलुओं की जानकारी दी। शल्य चिकित्सा से पहले मरीज़ और उसके परिवारवालों से कैसे बातचीत की जाती है, यह बताया, समझाया। डॉ. शंमुगेश्वर राव काफ़ी व्यस्त चिकित्सक थे। अस्पताल में बड़े ऑपरेशन वे ही किया करते थे। ज़्यादातर समय वे ऑपरेशन थिएटर में होते थे। लेकिन समय निकालकर वे विद्यार्थियों को शल्य चिकित्सा पद्धतियों के बारे में सिखाते। कई विद्यार्थी उनसे इतना प्रभावित थे कि वे भी उनकी तरह ही बनाना चाहते थे।

उन दिनों काकिनाडा स्थित ज़िला मुख्यालय अस्पताल में ऑपरेशन थिएटर में एक साथ बग़ल-बग़ल में दो ऑपरेशन हो रहे होते। एक टेबल पर किसी का हर्निया ऑपरेशन हो रहा होता, तो कुछ दूर पर ही दूसरे मरीज़ के पेट का ऑपरेशन चल रहा होता। इन दिनों इस तरह ऑपरेशन करना आसान नहीं है और न ही इस तरह के ऑपरेशनों को अनुमति दी जाती है।

उन दिनों अस्पताल कम थे। इन अस्पतालों में ऑपरेशन थिएटर भी एक ही हुआ करता था। लेकिन मरीज़ों की संख्या काफ़ी ज़्यादा थी। इस वजह से एक ऑपरेशन थिएटर में एक ही समय दो ऑपरेशन किये जाते थे।

उपेंद्रनाथ ने एमबीबीएस की पढ़ाई के दौरान स्वतंत्र रूप से कोई बड़ा ऑपरेशन नहीं किया, लेकिन पित्ताशय से पथरी निकालने और नसबंदी के ऑपरेशन किये। कई मरीज़ों की गांठ और धक्कों को निकालने के लिए भी उपेंद्रनाथ ने प्रोफ़ेसरों की देखरेख में छोटे ऑपरेशन किये। कई बार ऑपरेशन से पहले और ऑपरेशन के बाद डिसिन्फेक्शन और स्टेलिरायजेशन का काम किया।

उपेंद्रनाथ को इमरजेंसी और ट्रामा केयर सेंटर में कई दिनों तक काम करने का मौक़ा मिला। यहाँ ड्यूटी निभाते हुए उपेंद्रनाथ ने बहुत कुछ सीखा। दुर्घटना वाले मामले ज़्यादा आते थे और सीरियस मरीज़ों की देखभाल कैसे ही जाती है, यह उपेंद्रनाथ ने यहीं सीखा।

एक दिन उपेंद्रनाथ ने हाउस सर्जन की ड्यूटी निभाते हुए एक मरीज़ की जान बचायी। हुआ यूँ था कि जब उपेंद्रनाथ ड्यूटी पर थे, तब इमरजेंसी रूम में कोई डॉक्टर नहीं था। इसी समय एक दुर्घटना में शिकार हुए व्यक्ति को अस्पताल लाया गया। इस मरीज़ की हालत बहुत ख़राब थी। उसकी दोनों टाँगों में फ्रैक्चर हुआ था और ख़ून भी काफ़ी बह रहा था। चूँकि कोई डॉक्टर मौजूद नहीं था, उपेंद्रनाथ ने मरीज़ का इलाज करना शूरू किया। सबसे पहले ख़ून का बहने से रोका और फिर फ्रैक्चर की वजह से हो रहे दर्द को कम करने के लिए दवाई दी। इतना ही नहीं, जहाँ कहीं घाव हुए थे, वहाँ बड़ी सावधानी से मरममट्टी की। दर्द से कराहते हुए अस्पताल पहुँचे मरीज़ को कुछ ही मिनटों में राहत मिली। मरीज़ का विश्वास जागा कि वह जल्द ही ठीक हो जाएगा।

उपेंद्रनाथ जब हाउस सर्जन के तौर पर काम कर रहे थे, तब एक दिन उषा ने उनसे शादी करने की इच्छा जाहिर की। उपेंद्रनाथ भी मन बना चुके थे कि एक न एक दिन ज़रूर वे शादी का प्रस्ताव उषा के सामने रखेंगे। जब प्रस्ताव प्रेमिका से मिल गया, तब उपेंद्रनाथ ने तुरंत हाँ कह दी। दोनों ने प्रेम और शादी के प्रस्ताव वाली बात अपने-अपने परिवारवालों को बतायी। दोनों तरफ़ के लोग तुरंत राज़ी हो गये। झट मंगनी और पट ब्याह हुआ। ब्याह के बाद दोनों फिर से डॉक्टरी की पढ़ाई में लग गये।

जब एमबीबीएस कोर्स की पढ़ाई और सारे प्रयोग पूरे हुए, तब आख़िरी परीक्षाएँ हुईं। इन परीक्षाओं में भी उपेंद्रनाथ को अव्वल दर्ज़े के नंबर मिले। सिर्फ़ आठ विद्यार्थी ही पाँच साल के बाद एमबीबीएस कोर्स पूरा कर पाये थे। इन सफल विद्यार्थियों में उपेंद्रनाथ के चाचा और उनकी मित्र उषा रानी भी शामिल थीं। बैच के बाक़ी सारे 92 विद्यार्थी किसी न किसी विषय की परीक्षा में फेल थे। कई विद्यार्थियों के बैक्लॉग बहुत थे।

उपेंद्रनाथ के नंबर दूसरे सभी विद्यार्थियों से ज़्यादा थे। वे कॉलेज टॉपर बने। उनके इस प्रदर्शन ने माँ की छाती फूल गयी। उनके लाड़ले ने अपनी कुशाग्र बुद्धि का सही इस्तेमाल करते हुए उनका सपना पूरा किया था। पुष्पवती को यक़ीन हो गया कि पति सांभशिव राव की तरह ही उनका बेटा उपेंद्रनाथ भी लोगों का इलाज करते हुई लोकप्रियता के शिखर पर पहुँचेगा।

इसी दौरान उपेंद्रनाथ और उषा के घर नये मेहमान का आगमन हुआ। दोनों को बिटिया हुई। 24 अप्रैल, 1966 को जन्मी लड़की का नाम माधवी रखा गया।

11

नौकरी

अमेरिका जाने से पहले की रेलवे की नौकरी

एमबीबीएस की डिग्री हासिल करने के बाद उपेंद्रनाथ के सामने कई विकल्प थे। वे मेडिकल प्रैक्टिस शूरू कर सकते थे यानी मरीज़ों का इलाज करना शूरू कर सकते थे। वे कोई अस्पताल ज्वाइन कर सकते थे या फिर अपना क्लिनिक या अस्पताल खोलकर स्वतंत्र रूप से प्रैक्टिस कर सकते थे। उनके पास आगे की पढ़ाई का भी विकल्प था। वे मेडिसिन में पोस्ट ग्रेजुएट कोर्स कर सकते थे। वे एमडी या एमएस की डिग्री का कोर्स करने के लिए किसी मेडिकल कॉलेज में दाख़िला ले सकते थे। यही सारे विकल्प उनकी पत्नी उषा के भी पास थे। दोनों ने पोस्ट ग्रेजुएट कोर्स के लिए आवेदन किया। उषा को काकिनाडा में ही स्त्री रोग और प्रसूति विज्ञान में पोस्ट ग्रेजुएशन कोर्स में दाख़िला मिल गया। उपेंद्रनाथ को भी जनरल सर्जरी में सीट मिल गयी। लेकिन, उपेंद्रनाथ और उषा ने अमेरिका जाने का फ़ैसला किया।

ये वे दिन थे, जब अमेरिका को डॉक्टरों की ज़रूरत थी। अमेरिका दुनिया का सबसे ताक़तवर देश बनकर उभरा था। यहाँ हर क्षेत्र में लगातार तरक़्क़ी हो रही थी। विज्ञान और प्रौद्योगिकी के क्षेत्र में अमेरिका ने दुनिया के सभी देशों को पीछे छोड़ दिया था। स्वास्थ्य और चिकित्सा के मामले में भी अमेरिका दूसरे देशों से काफ़ी आगे था। चिकित्सा की नयी-नयी तकनीकें ईजाद की जा रही थीं। बड़े पैमाने पर शोध और अनुसंधान हो रहा था। लेकिन आबादी की तुलना में डॉक्टरों की कमी थी। इसी वजह से अमेरिकी सरकार और निजी अस्पताल प्रबंधन विदेश से डॉक्टर बुलवा रहे थे।

जिन दिनों उपेंद्रनाथ एमबीबीएस की पढ़ाई कर रहे थे, उन्हीं दिनों चिकित्सा-जगत में लोकप्रिय मेडिकल पत्रिकाओं में अमेरिका में डॉक्टरों की ज़रूरत वाले विज्ञापन छपा करते थे। उपेंद्रनाथ को लगता था कि उन्हें भी अमेरिका जाकर काम करना चाहिए।

उपेंद्रनाथ को अहसास हुआ था कि जिन उपकरणों के बारे में एमबीबीएस की पढ़ाई के दौरान विद्यार्थियों को बताया जाता है, उनमें से ज़्यादातर उपकरण भारत के अस्पतालों में हैं ही नहीं, मसलन अल्ट्रासाउंड मशीनें। इसी तरह जिन परीक्षणों के बारे में पढ़ाया जाता है, भारत के ज़्यादातर अस्पतालों में उस तरह के परीक्षण होते ही नहीं हैं। मसलन, लिपिड प्रोफाइल टेस्ट, थाइरोइड टेस्ट आदि। भारत के ज़्यादातर अस्पतालों में सिर्फ़ एक्स-रे मशीन और ब्लड सुगर टेस्ट की सुविधा थी।

इतना ही नहीं, उपेंद्रनाथ को काकिनाडा में एमबीबीएस की पढ़ाई के दौरान सैद्धांतिक ज्ञान काफ़ी मिला था, लेकिन व्यवहारिक ज्ञान कम। उन्हें स्वतंत्र रूप से मरीज़ों का इलाज करने, सर्जरी करने का मौक़ा नहीं मिला था। उपेंद्रनाथ को लगता था कि वे मरीज़ों का इलाज करने में अभी पूरी तरह से तैयार नहीं हुए हैं। उन्हें व्यावहारिक योग्यता हासिल करनी है, जो कि अनुभव और शिक्षण-प्रशिक्षण से मिल सकती है।

एमबीबीएस की पढ़ाई के दौरान चौथे साल से ही उपेंद्रनाथ को लगने लगा था कि उन्हें अमेरिका जाकर आधुनिक चिकित्सा-विज्ञान में निपुणता हासिल करनी चाहिए। अलग-अलग पत्र-पत्रिकाओं को पढ़कर वे नियमित रूप से यह जान रहे थे कि चिकित्सा-विज्ञान में अमेरिका में नित नये सफल प्रयोग किये जा रहे हैं और दुनिया के सबसे श्रेष्ठ चिकित्सक और सर्जन अमेरिका में ही हैं। अमेरिका के कई अस्पताल अत्याधुनिक तकनीक से लैस हैं।

उन दिनों अमेरिका के किसी भी अस्पताल में 'रेज़िडन्सी' करने या फिर 'फ़ेलोशिप प्रोग्राम' में दाख़िला लेने के लिए एजुकेशनल कमीशन फॉर फॉरेन मेडिकल ग्रेजुएट्स की परीक्षा पास करनी पड़ती थी। उपेंद्रनाथ ने यह परीक्षा लिखने का फ़ैसला लिया। परीक्षा लिखने के लिए उन्हें मद्रास जाना पड़ा।

मद्रास रेलवे स्टेशन पर दिलचस्प घटना हुई। उपेंद्रनाथ की मुलाक़ात रेलवे के एक मेडिकल ऑफिसर से हुई। बातचीत के दौरान उपेंद्रनाथ ने ऑफिसर को बताया कि वे एमबीबीएस पास हैं और अगर उनके पास कोई अच्छी नौकरी का प्रस्ताव है, तो बताएँ। उस ऑफिसर ने वहीं उपेंद्रनाथ को एक परीक्षा लिखने को कहा। हाथ कंगन को आरसी क्या , पढ़े लिखे को फ़ारसी क्या। उपेंद्रनाथ ने परीक्षा लिखी। ऑफिसर को उपेंद्रनाथ की क़ाबिलियत का अंदाज़ा हो गया और उन्होंने तुरंत उन्हें रेलवे में डॉक्टर की नौकरी दे दी। साथ ही यह बताया कि शुरुआत में उन्हें गुंतकल में काम करना होगा। उन दिनों भी गुंतकल रेलवे का एक बहुत बड़ा जंक्शन हुआ करता था। आंध्रप्रदेश के अनंतपुर ज़िले के इस शहर से होते हुए कई रेलगाड़ियाँ गुज़रती थीं। मद्रास से बंबई और बैंगलोर से बंबई जाने वाली रेलगाड़ियाँ यहीं से होकर गुज़रती थीं। उपेंद्रनाथ ने सोचा कि जब तक बिटिया को भी अमेरिका ले जाना आरामदेह नहीं हो जाता, तब तक उन्हें भारत में काम कर लेना चाहिए।

12

उड़ान

दृढ़ संकल्प के साथ अमेरिका रवाना

उपेंद्रनाथ और उषा अपनी बिटिया के साथ गुंतकल में रहने लगे। उषा को भी रेलवे में नौकरी मिल गयी। उपेंद्रनाथ को फैमिली प्लानिंग प्रभाग की ज़िम्मेदारी मिली, जब कि उषा को स्त्री रोग और प्रसूति विज्ञान विभाग में काम करने का मौक़ा मिला। उपेंद्रनाथ नसबंदी ऑपरेशन करने लगे। चूँकि रेलवे की नौकरी थी, रेलयात्राएँ करने के लिए उपेंद्रनाथ और उषा को 'रेलवे पास' मिले। इन पासों का दोनों ने भरपूर फ़ायदा उठाया और छुट्टी के दिनों में अलग-अलग जगह घूमने गये। दोनों ने आगरा की भी यात्रा की और ताज महल की सुंदरता को देखा, सराहा। राजधानी दिल्ली के अलावा उत्तरभारत के कई शहरों का देखने का मौक़ा दोनों को मिला। उपेंद्रनाथ और उषा अपनी बेटी को साथ लेकर केरल भी घूमने गये।

गुंतकल में कुछ समय काम करने के बाद उपेंद्रनाथ की पोस्टिंग तमिलनाडु के सेलम शहर में हुई।

इसी बीच उपेंद्रनाथ की छोटी बहन प्रफुल्ला की शादी पक्की हो गयी है। शादी की तारीख़ तय होते ही उपेंद्रनाथ और उषा ने रेलवे की नौकरी से इस्तीफ़ा दे दिया और बहन की शादी में शिरकत करने के लिए अपने गाँव संगमजागर्लामूडि आ गये।

बहन की शादी के बाद उपेंद्रनाथ और उषा ने अमेरिका जाने का फ़ैसला किया। बेटी भी अब संभालने लायक़ हो गयी थी।

उषा की एक सहेली श्रीमती वीर राजू अपने डॉक्टर पति के साथ अमेरिका के शहर शिकागो में रह रही थीं। श्रीमती वीर राजू ने उपेंद्रनाथ और उषा को शिकागो आने की सलाह दी। उषा जब प्री-यूनिवर्सिटी कोर्स की पढ़ाई कर रही थीं, तब श्रीमती वीर राजू उनकी सहपाठी थीं और आगे चलकर अपने पति के साथ अमेरिका चली गयीं।

श्रीमती वीर राजू की सलाह मानते हुए उपेंद्रनाथ और उषा ने शिकागो जाने और वहीं काम करने का निर्णय ले लिया। दोनों ने शिकागो के इलनॉइ मेसोनिक हॉस्पिटल में इंटर्नशिप के लिए आवेदन किया। दोनों का आवेदन मंज़ूर हो गया।

अपनी बेटी माधवी को साथ लेकर उपेंद्रनाथ और उषा अमेरिका के लिए रवाना हुए। यह उपेंद्रनाथ की पहली हवाई यात्रा थी। विमान ने जैसे ही उड़ान भरी उपेंद्रनाथ के हौसलों ने भी ऊँची उड़ान भरी। उपेंद्रनाथ का विश्वास बढ़ा। नयी उम्मीदें जगीं। उन्होंने संकल्प ले लिया था कि वे अमेरिका में मौजूद अत्याधुनिक चिकित्सा सुविधाओं का भरपूर लाभ उठाएँगे और एक निपुण सर्जन बनेंगे। उपेंद्रनाथ ने यह भी फ़ैसला किया कि अमेरिका में शिक्षण-प्रशिक्षण लेने और अनुभव हासिल करने के बाद वे भारत लौट आएँगे और स्वदेश में अत्याधुनिक सुविधाओं से लैस अस्पताल बनाएँगे। उपेंद्रनाथ के ज़हन में अब भी गुंटूर और तेनाली के उन अस्पतालों की तस्वीरें घूम रही थीं, जो कि बस नाम मात्र के अस्पताल थे। यहाँ मरीज़ों की बीमारी का पता लगाने के लिए कोई ख़ास उपकरण थे ही नहीं। उपेंद्रनाथ जानते थे कि भारत में सर्वोन्नत स्तर के डॉक्टर हैं, लेकिन अस्पतालों में सुविधाओं, उपकरणों की कमी की वजह से इन डॉक्टरों को कई तरह की समस्याओं का सामना करना पड़ रहा था।

13

गंतव्य

कुछ ही दिनों में अमेरिका से मोहब्बत हो गयी

शिकागो पहुँचते ही उपेंद्रनाथ के पाया कि उषा के मित्र वीर राजू उनका स्वागत करने और उन्हें अपने घर ले जाने के लिए एयरपोर्ट आये हुए हैं। एयरपोर्ट से अपने मेज़बान के घर तक के सफ़र में उपेंद्रनाथ ने जो नज़ारे देखे, उससे उन्हें लगा कि वे वाक़ई किसी दूसरी दुनिया में आये हैं। चौड़ी और साफ़ सुथरी सपाट सड़कों से गुज़रते हुए उन्हें लगा कि काश भारत में भी इस तरह की सड़कें होतीं। उन्हें अहसास हुआ कि स्वदेश में जिस तरह की ग़रीबी है, उसकी वजह से विकास को गति देने में कई साल लग जाएँगे। रास्ते में उपेंद्रनाथ ने एक से बढ़िया एक बहुमंज़िली इमारतें देखीं। सारी इमारतें उत्कृष्ट वास्तु-शिल्प का शानदार नमूना थीं। जो चीज़ उपेंद्रनाथ को सबसे अच्छी लगी, वह थी साफ़-सफ़ाई और सुंदरता। उन्हें कहीं पर भी गंदगी नज़र नहीं आयी। पहली झलक में ही अमेरिका ने उपेंद्रनाथ का मन जीत लिया। उन्हें लगा कि वे सही जगह आये हैं।

डॉ. वीर राजू और उनकी पत्नी एक बेहतरीन मेज़बान साबित हुए। इलनॉइ मेसोनिक हॉस्पिटल में डॉक्टरों के लिए बने अपार्टमेंट में कमरा तैयार होने तक उपेंद्रनाथ और उषा वीर राजू के मकान में ही रहे। वीर राजू और उनकी पत्नी ने उपेंद्रनाथ और उषा को अमेरिका में रहन-सहन, यहाँ की संस्कृति, लोगों, रीति-रिवाजों के बारे में बताया। वीर राजू की पत्नी ने उषा को शॉपिंग करना भी सिखा दिया।

उन दिनों शिकागो शहर में बहुत कम तेलुगुभाषी लोग थे। पूरे शहर में मुश्किल से पाँच या छह परिवार ऐसे थे, जो कि आंध्रप्रदेश से आये थे और तेलुगु भाषी थे। इन्हीं परिवारों में वीर राजू का परिवार भी एक था। अपार्टमेंट में फ्लैट अलाट होते ही उपेंद्रनाथ और उषा अपनी बेटी के साथ अस्पताल परिसर में शिफ़्ट हो गये।

उन दिनों अमेरिकी सरकार ने महसूस किया था कि देश में बुजुर्गों और बच्चों की सही देखरेख के लिए डॉक्टरों की सख़्त ज़रूरत है। यही वजह है कि अमेरिकी सरकार ने विदेश से डॉक्टर बुलवाने शूरू किये। अमेरिकी सरकार विदेश से आये डॉक्टरों को प्रशिक्षण देने को भी तैयार थी। चूँकि अमेरिकी नागरिकों को डॉक्टरों की ज़रूरत थी, वे विदेश से आये डॉक्टरों का बहुत सम्मान करते थे।

उपेंद्रनाथ के अस्पताल में इंटर्नशिप शूरू करने के कुछ दिनों बाद उषा ने भी इसी अस्पताल में इंटर्नशिप शूरू कर दी। इलनॉइ के जिस अस्पताल में उपेंद्रनाथ को इंटर्नशिप करने का मौक़ा मिला था, वह अस्पताल निजी था। इंटर्नशिप करने का मतलब एक मायने में हाउस सर्जन की ज़िम्मेदारी निभाने जैसा था। इंटर्नशिप के लिए उपेंद्रनाथ को महीने पाँच सौ डॉलर मिलने लगे। अस्पताल परिसर में बने अपार्टमेंट में रहने के लिए एक क्वाटर नि:शुल्क दिया गया। अस्पताल में काम के समय भोजन और अल्पाहार की सुविधा थी।

सुपर मार्किट अस्पताल से क़रीब था। उपेंद्रनाथ और उषा ज़रूरी सामान यहीं से लाने लगे। उन दिनों चीज़ें काफ़ी सस्ती थीं। पाँच डॉलर में हफ़्तेभर का राशन मिल जाता था। पचास सेंट यानी आधे डॉलर में एक गैलन दूध मिल जाता था। डॉक्टर दम्पति के लिए जीवन सुख, चैन और संतुष्टि से भर गया था।

उपेंद्रनाथ को जो बात सबसे अच्छी लगी, वह थी अस्पताल में मरीज़ों के प्रति डॉक्टरों का व्यवहार। अस्पताल में हर मरीज़ का अच्छे से ख़याल रखा जाता और सभी मरीज़ों के साथ एक जैसा व्यवहार होता। अमीर-ग़रीब, श्वेत-श्याम, देसी-विदेशी, कोई भी क्यों न हो, सभी के साथ एक जैसा व्यवहार किया जाता। भेदभाव संभव नहीं था।

एक बात उपेंद्रनाथ और उनकी पत्नी को बहुत रोचक जान पड़ी। अमेरिका में ज़्यादातर डॉक्टर यहूदी थे। उपेंद्रनाथ यह मानकर अमेरिका आये थे कि यहाँ ज़्यादातर लोग ईसाई होंगे। लेकिन उन्हें जब यह पता चला कि ज़्यादातर डॉक्टर यहूदी हैं, तो उनके आश्चर्य का ठिकाना न रहा।

अमेरिका में डॉक्टर चाहे यहूदी हो ईसाई, सभी का व्यवहार एक जैसा था। सभी ऊँचे दर्ज़े के पेशेवर चिकित्सक थे। नैतिकता और नियम-क़ायदों के मामले में कोई समझौता नहीं करते थे।

शुरुआती दिनों में उपेंद्रनाथ और उषा को अमेरिकी लोगों के अंग्रेज़ी लहज़े को लेकर समस्या हुई। अमेरिकी नागरिकों, ख़ासकर अश्वेत लोगों का, अंग्रेज़ी उच्चारण अलग होता है। भाषा और बोली को समझने में पति-पत्नी को कुछ समय लगा। लेकिन जैसे-जैसे लोगों

से बोलचाल और व्यवहार बढ़ता चला गया, वैसे-वैसे सभी लोगों का उच्चारण और उनकी भाषा-बोली इन्हें समझ में आने लगी।

कुछ महीनों के प्रवास के बाद ही उपेंद्रनाथ और उषा को अमेरिकी लोगों और अमेरिका से प्यार हो गया। दोनों को ज़्यादातर अमेरिकी लोग काफ़ी उदार, दोस्ताना और प्रातिशील लगे। अस्पताल ज्वाइन करने के कुछ दिन बाद से ही दूसरे डॉक्टर उपेंद्रनाथ और उषा को अपने घर पर दावत पर बुलाने लगे। इलनॉइ मेसोनिक हॉस्पिटल के मेडिकल डायरेक्टर भी उपेंद्रनाथ और उषा को दावत पर निमंत्रण देने लगे। कॉफ़ी पिलाने के लिए ले जाना तो आम बात थी। छुट्टी वाले दिन उपेंद्रनाथ किसी न किसी के यहाँ दावत पर होते। साथी डॉक्टरों और लोगों से मिल रहे सम्मान ने दोनों को भावविभोर कर दिया। दोनों को अमेरिका में किसी तरह की कोई तकलीफ़ नहीं हुई।

14

तपस्या
रेज़िडन्सी के दौरान ही निपुण सर्जन बन गये

एक साल तक इंटर्नशिप करने के बाद उपेंद्रनाथ और उषा ने रेज़िडन्सी के लिए योग्यता हासिल कर ली। रेज़िडन्सी का मतलब एक मायने में पोस्ट ग्रेजुएशन कोर्स था। उन दिनों नियमों के मुताबिक़ रेज़िडन्सी की अवधि चार साल की होती थी यानी एक साल की इंटर्नशिप और चार साल की रेज़िडन्सी के बाद डॉक्टर सीनियर रेसिडेंट बनते थे। सीनियर रेसिडेंट बनने का मतलब हर तरह की सर्जरी करने की योग्यता हासिल कर लेना था।

रेज़िडन्सी के दौरान उपेंद्रनाथ सर्जरी में निपुणता हासिल करने लगे। चूँकि उषा बेटी की सही तरह से परवरिश करना चाहती थीं, उन्होंने ऐसा विभाग चुनने की सोची, जिसमें काम करते हुए भी बेटी के साथ समय बिताया जा सकता था। उषा ने ऐनिस्थीश़ विभाग में इंटर्नशिप करने का फ़ैसला लिया। बारी-बारी से उपेंद्रनाथ और उषा अपनी बेटी की देखभाल करने लगे। लेकिन जब दोनों अस्पताल में व्यस्त रहने लगे, तब बेटी की देखभाल के लिए आया रखनी पड़ी।

इलनॉइ के अस्पताल में काम करते हुए उपेंद्रनाथ को बहुत कुछ नया सीखने को मिल रहा था। उन दिनों कई सारे मरीज़ प्यूर्टो रिको द्वीप से आते थे। यह द्वीप अमेरिका के नियंत्रण में था। इस द्वीप में अपराध की घटनाएँ बहुत होती थीं। बदमाश और चोर-लुटेरे अपनी मंशा को पूरा करने के लिए लोगों पर जानलेवा हमला कर देते थे। कई लोग इन हमलों में बुरी तरह से ज़ख़्मी हो जाते थे। ज़ख़्मी लोगों को इसी अस्पताल लाया जाता था। कई बार उपेंद्रनाथ को चाकू, छुरी, तलवार जैसे हथियारों से हमले में घायल लोगों का इलाज करने का मौक़ा मिला। कई मामलों में मरीज़ की हालत काफ़ी नाज़ुक होती थी। सिर पर चोट की वजह से व्यक्ति की जान जाने का ख़तरा रहता था। उपेंद्रनाथ ने ड्यूटी पर रहते हुए इस तरह के कई मामले देखे और कई बार तो ख़ुद सर्जरी कर लोगों की जान बचायी।

गंभीर रूप से घायल लोगों की सर्जरी करते हुए उपेंद्रनाथ बड़ी सर्जरी करने के क़ाबिल बन गये। रेज़िडन्सी के तीसरे साल में उपेंद्रनाथ ने यह साबित कर दिया था कि वे बड़े ऑपरेशन करने की योग्यता हासिल कर चुके हैं।

एक बार की बात है। हुआ यूँ था कि एक व्यक्ति बंदूक की गोली लगने की वजह से बुरी तरह ज़ख़्मी हो गया था। किसी ने उस पर गोली चला दी थी और गोली पेट में घुस गयी थी। गोली की वजह से पाचक ग्रंथि को काफ़ी नुक़सान पहुँचा था और पेट में ख़ून का रिसाव हुआ था। मरीज़ की हालत बेहद नाज़ुक थी, वह लगभग मर चुका था। उपेंद्रनाथ ने मरीज़ की सर्जरी की। पेट साफ़ किया। पाचक ग्रंथि को भी ठीक किया। इसके बावजूद दो और बार सर्जरी करनी पड़ी। सही समय की गयी सही शल्य चिकित्सा की वजह से उस व्यक्ति की जान बच गयी। मरीज़ की हालत इतनी गंभीर थी कि सफल सर्जरी के बाद भी वह क़रीब एक महीने तक अस्पताल में रहा। उपेंद्रनाथ ने उसकी बहुत अच्छे से देखभाल की। स्वास्थ्य-लाभ पाने के बाद मरीज़ अपने घर लौट गया। लेकिन अस्पताल से निकलने से पहले उसने जान बचाने वाले डॉक्टर उपेंद्रनाथ का तह-ए-दिल से शुक्रिया अदा किया। इस सफल ऑपरेशन के बाद अस्पताल के सभी डॉक्टर मानने लगे थे कि उपेंद्रनाथ एक उत्कृष्ट शल्य चिकित्सक हैं।

इलनॉइ के अस्पताल में डॉ. पीरय्या नाम के एक सीनियर रेसिडेंट भी थे। मूल रूप से आंध्रप्रदेश के ओंगोल के रहने वाले वीरय्या ने भी शुरुआती दिनों में उपेंद्रनाथ की काफ़ी मदद की। इन्होंने ही उपेंद्रनाथ को अमेरिका, ख़ासकर अस्पताल में क्या करना है, कैसे करना है, कब और क्यों करना है, यह सब बताया और सिखाया।

15

पुत्रप्राप्ति

ड्यूटी पर ही माँ-बाप बने उषा और उपेंद्रनाथ

इसी दौरान उषा गर्भवती हुई। गर्भ धारण करने के बाद भी उनका अस्पताल आना-जाना नहीं छूटा। वे नियमित रूप ने अपनी ड्यूटी निभाती रहीं। आठवें महीने में भी वे अस्पताल गयीं और अपनी ज़िम्मेदारियों को बख़ूबी निभाया। एक दिन अस्पताल में ड्यूटी करते समय उषा को प्रसव पीड़ा हुई। उन्हें प्रसूति गृह ले जाया गया। उषा ने एक स्वस्थ और सुंदर बालक को जन्म दिया। जन्म के समय उपेंद्रनाथ भी उसी अस्पताल में ड्यूटी पर थे। एक साथी डॉक्टर ने उपेंद्रनाथ को ख़ुशखबरी सुनाते हुए कहा, "आपके बेटे का धरती पर आगमन हो चुका है।" यह बात सुनते ही उपेंद्रनाथ ख़ुशी से झूम उठे। वे सीधे उषा के पास पहुँचे। आँखों-आँखों में बात हुई। दोनों ने एक-दूसरे के प्रति प्यार का इज़हार किया और एक-दूसरे का शुक्रिया अदा किया। उपेंद्रनाथ और उषा ने मिलकर अपने बेटे का नाम श्रीधर रखा।

श्रीधर के जन्म की ख़बर उपेंद्रनाथ के गाँव तक पहुँची। माँ बहुत ख़ुश हुईं। पुष्पवती ने अमेरिका आकर बेटे उपेंद्रनाथ के साथ रहने और पोते की देखभाल करने में उषा की मदद करने की इच्छा जतायी। बेटे के माँ की बात मान ली और उन्हें अपने पास अमेरिका बुला लिया।

उधर, उपेंद्रनाथ की छोटी बहन प्रफुल्ला भी डॉक्टरी करने के लिए अमेरिका आ गयीं। प्रफुल्ला ने कलकत्ता के एक मेडिकल कॉलेज से एमबीबीएस की पढ़ाई पूरी की थी। उपेंद्रनाथ के एक क़रीबी रिश्तेदार कलकत्ता में नीम्बू का कारोबार करते थे और वहीं रहते थे। इसी रिश्तेदार के यहाँ रहते हुए प्रफुल्ला ने एमबीबीएस की पढ़ाई पूरी की थी। उनका विवाह एक डॉक्टर से हुआ। उपेंद्रनाथ ने बहन प्रफुल्ला को अमेरिका आने और यहाँ की

सर्वोन्नत चिकित्सा सुविधाओं का लाभ उठाने की सलाह दी थी। भाई की सलाह मानते हुए प्रफुल्ला अपने परिवार के साथ अमेरिका आ गयीं।

इलनॉइ के अस्पताल में पाँच साल काम करने के बाद उपेंद्रनाथ और उषा ने 'रेज़िडन्सी' पूरी कर ली। दोनों अमेरिका में सीनियर रेसिडेंट बन गये। यानी अमेरिका में हर तरह के ऑपरेशन करने के योग्य करार दिये गये।

16

सुकीर्ति

मोटापा कम करने वाले ऑपरेशनों से हुए मशहूर

सीनियर रेसिडेंट बनने के बाद उपेंद्रनाथ ने इलनॉइ अस्पताल छोड़ने और डॉ. गोल्डिन इलियट के साथ मिलकर काम करने का फ़ैसला किया। उन दिनों डॉ. गोल्डिन इलियट मोटापा कम करने वाले सर्जन के रूप में ख्याति पा रहे थे। डॉ. गोल्डिन इलियट के नार्थ मेडिकल सबअर्बन मेडिकल सेंटर में उपेंद्रनाथ बतौर पार्टनर शामिल हुए। डॉ. गोल्डिन इलियट की टीम में साठ डॉक्टर थे। ये सभी अलग-अलग विषयों के जानकार थे। उनके अस्पताल में उस समय की सबसे आधुनिक चिकित्सा सुविधाएँ और नवीनतम उपकरण मौजूद थे। उपेंद्रनाथ इस अस्पताल में सर्जरी विभाग में शामिल हुए। उषा ने इलनॉइ के अस्पताल में ही काम करने का फ़ैसला लिया। वे ऐनिस्थीश की सीनियर रेसिडेंट बनीं।

यह वह दौर था, जब अमेरिका में लोग सेहत को लेकर जागरूक होने लगे थे। स्वास्थ्य देखभाल को लेकर एक वैचारिक और सामाजिक क्रांति आयी थी। लोग सेहतमंद रहने के लिए ज़रूरी काम करने लगे थे। व्यायाम और संतुलित पौष्टिक भोजन करने लगे थे। मोटापे से जूझ रहे लोग भी शरीर का वजन कम करने की कोशिश में जुट गये थे। उन दिनों अमेरिका में कई लोग ऐसे थे, जिनका खानपान पर कोई नियंत्रण नहीं था। लोग स्वाद के चक्कर में ज़रूरत से ज़्यादा खा लेते थे। कई लोगों को बर्गर, पिज्जा जैसे तले-भुने फास्ट फूड खाने की आदत पड़ गयी थीं। कई लोग ऐसे भी थे, जिनको शराब की लत थी। जीवन-शैली ऐसी थी कि कई लोगों को सेहत से जुड़ी कई तकलीफ़ें होने लगी थीं। आबादी में क़रीब बीस फ़ीसदी लोग मोटापे की वजह से परेशान थे। मोटापे की वजह से कई लोग हाइपरटेंशन, डायबिटीज, लीवर, किडनी और हार्ट की बीमारियों का शिकार हो रहे थे। कई लोग ऐसे भी थे, जो भारीभरकम शरीर की वजह से घर में सिमटकर रह गये थे।

मोटापा कई लोगों के लिए अलग-अलग परेशानियों का कारण बन गया था। इसी वजह से मोटापा कम करने के लिए अलग-अलग तकनीकें खोजी जा रही थीं। कई तरह के प्रयोग किये जा रहे थे।

इंसान का वजन कम करने के लिए पहली बार सर्जरी साल 1954 में की गयी। डॉ. ए .जे. क्रेमेन और उनके साथियों ने मिलकर एक मोटे व्यक्ति की गैस्ट्रिक बाईपास सर्जरी की। क्रेमन और उनके साथियों ने मरीज़ की ऊपरी और निचली आँत को जोड़ दिया ताकि बड़ी मात्रा में कैलोरी अवशोषित न रहे। इसके बाद भी तरह-तरह के सफल प्रयोग हुए। इस तरह से बेरिएट्रिक सर्जरी का चलन शूरू हुआ।

बेरिएट्रिक सर्जरी का मूल सिद्धांत भोजन का सेवन प्रतिबंधित करना या कम करना है। ऐसा करने से पेट और आँतों में भोजन का अवशोषण कम हो जाता है। सबसे ज़्यादा अपनायी गयी पद्धति गैस्ट्रिक बाईपास सर्जरी है। इस शल्य चिकित्सा पद्धति में पेट के ऊपरी हिस्से को बाँध दिया जाता है और निचले हिस्से को छोटी आँत से जोड़ दिया जाता है, ताकि भोजन सीधा छोटी आँत में पहुँच जाए। गैस्ट्रिक बाईपास सर्जरी से व्यक्ति को भूख कम लगती है और वह कम भोजन लेता है, जिससे वजन नियंत्रण में रहता है।

मोटापा कम करने की एक और पद्धति है, जिसे गैस्ट्रिक स्लीव सर्जरी कहते हैं। इस पद्धति में पेट के आकार को छोटा किया जाता जाता है। इन दिनों लैपरोस्कोपी उपकरणों की मदद से यह शल्य चिकित्सा की जा रही है।

ड्यूडेनल स्विच सर्जरी के ज़रिये भी मोटापा कम किया जाता है। इस शल्य चिकित्सा पद्धति में ड्यूडेनम यानी ग्रहणी, जिसे पाचनांत्र या लघ्वांत्राग्र भी कहते हैं, को छोटी आँत से जोड़ा जाता है, जिससे भोजन सीधे छोटी आँत पर पहुँचता है।

एडजस्टेबल गैस्टिक बैंड (लैप बैंड) सर्जरी में पेट के ऊपरी हिस्से पर अलास्टिक बैंड लगाया जाता है और इसकी सहायता से पेट पर मौजूद एक्सट्रा फैट को निकाला जाता है। इससे भी शरीर का वजन कम करने में मदद मिलती है।

डॉ. गोल्डिन इलियट के साथ जुड़कर उपेंद्रनाथ भी मोटापा कम करने वाली शल्य चिकित्सा करने लगे। जिस अस्पताल में उपेंद्रनाथ काम करने लगे थे, उसे मोटापा कम करने वाली सर्जरियों के मामले में अग्रणी अस्पताल माना जाने लगा था। ख़ुद उपेंद्रनाथ इस तरह की सर्जरियाँ करने लगे थे। लेप्रोस्कोपिक सर्जरी के मामले में भी यह अस्पताल दूसरों से काफ़ी आगे था। उपेंद्रनाथ ने लेप्रोस्कोपिक सर्जरी के अलावा कोलोनोस्कोपी, एंडोस्कोपी, गेस्ट्रोस्कोपी जैसे चिकित्सकीय प्रक्रियाएँ भी करना शूरू कर दीं।

लेकिन एक बार सर्जरी के दौरान कुछ गड़बड़ हो गयी और कुछ दिनों के लिए अस्पताल में मोटापा कम करने वाली शल्य चिकित्सा को रोकना पड़ा। हुआ यूँ था कि एक मोटा व्यक्ति डायबिटीज, हाई ब्लड प्रेशर की शिकायत लेकर अस्पताल आया था। जाँच करने के बाद डॉक्टरों ने उसे मोटापा कम करने वाली सर्जरी की सलाह दी। मरीज़ मान गया। डॉ. गोल्डिन इलियट ने सर्जरी की। मरीज़ का पेट छोटा किया गया। लेकिन कुछ ही दिनों बाद मरीज़ को दूसरी तकलीफ़ें होने लगीं। उसकी पाचन क्रिया गड़बड़ा गयी। उसे दस्त की शिकायत होने लगी। डायबिटीज, हाई ब्लड प्रेशर भी नियंत्रण से बाहर होने लगे। उसे हार्ट और किडनी की बीमारी हो गयी।

यह दौर एक मायने में प्रयोगों का दौर था। मोटापा को कम करने के लिए तरह-तरह की चिकित्सा पद्धतियाँ अपनायी जा रही थीं। कुछ कामयाब हो रही थीं, तो कुछ फेल। लेकिन इन प्रयोगों के दौरान उपेंद्रनाथ और दूसरे डॉक्टरों को बहुत कुछ सीखने को मिला। इन्हीं प्रयोगों की वजह से मोटापा कम करने के लिए सुरक्षित और प्रभावी शल्य चिकित्सा पद्धतियों का ईजाद हुआ।

इसी दौरान उपेंद्रनाथ की बहन प्रफुल्ला भी उनके अस्पताल आ गयीं। यहाँ कुछ साल काम करने के बाद उन्होंने अपनी निजी प्रैक्टिस शूरू कर दी।

उपेंद्रनाथ ने कई जटिल ऑपरेशन किये। एक बार उन्हें ढाई सौ किलो पाउन्ड वजन यानी क़रीब 113 किलो वजन वाले व्यक्ति की सर्जरी करने का अवसर मिला। यह व्यक्ति वाक़ई काफ़ी मोटा था और चलने-फिरने में इसे काफ़ी तकलीफ़ होती थी। शरीर इतना भारीभरकम था कि ऑपरेशन थिएटर का टेबल भी उसके लिए छोटा हो गया था। इसी वजह से उसे अस्पताल के बेड पर लिटाकर सर्जरी करनी पड़ी। सर्जरी के बाद उसका वजन भी कम हुआ और उसकी कई सारी समस्याएँ दूर हुईं। लेकिन कुछ महीनों बाद मरीज़ को नये सिरे से तकलीफ़ होने लगी। हालत इतनी बिगड़ी की ऑपरेशन को रिवर्स करना पड़ा।

जानकारों का कहना है कि मोटापे को कम करने के लिए सर्जरी करवाने के बाद मरीज़ को कई सावधानियाँ बरतनी पड़ती हैं। मरीज़ के लिए जीवन-शैली में परिवर्तन लाना बहुत ज़रूरी होता है। स्वास्थ्यवर्धक भोजन लेना और संतुलित जीवन-शैली अपनाना अनिवार्य होता है। सही देख-रेख न होने की वजह से मरीज़ को कई तरह की तकलीफ़ें हो सकती हैं। उपेंद्रनाथ को भी शक था कि ढाई सौ पौंड वजन वाले व्यक्ति ने सर्जरी के बाद डॉक्टरों की बातें नहीं मानीं, इसी वजह से उसे दिक़्क़तें हुईं।

एक दिन एक और जटिल मामला उपेंद्रनाथ के पास आया। एक मरीज़ को पेट में लगातार दर्द रहने की शिकायत थी। दवाई से जब काम नहीं बना, तब उपेंद्रनाथ ने एंडोस्कोपी करने का फ़ैसला किया। एंडोस्कोपी से उपेंद्रनाथ को जो दिखाई दिया, उससे उनके आश्चर्य की कोई सीमा नहीं रही। मरीज़ की छोटी आँत में गाँठें पड़ गयी थीं। मामला पेचीदा था। सामान्यतः इस तरह के मामले बहुत कम देखने को मिलते हैं। उपेंद्रनाथ ने आँत की गाँठों को खोलने की कोशिश करने का मन बनाया। यह काम आसान नहीं था। गाँठें कई सारी थीं और इन्हें खोलने में जोखिम भरा था। लेकिन उपेंद्रनाथ ने अपने साथी को यह जोखिमभरा ऑपरेशन साथ में करने के लिए मनवा लिया। हर तरह की सावधानी बरतते हुए ऑपरेशन किया गया और उपेंद्रनाथ और उनके साथी को कामयाबी मिली।

उपेंद्रनाथ अपनी कामयाबियों से काफ़ी संतुष्ट रहने लगे। अमेरिका में वे एक कामयाब और क़ाबिल सर्जन के तौर पर मशहूर हो गये।

इसी दौरान उपेंद्रनाथ ने एक बड़ा फ़ैसला लिया। इस फ़ैसले के बारे में उन्होंने सबसे पहले अपनी पत्नी को बताया। उपेंद्रनाथ ने मन बना लिया था कि वे सिर्फ़ 58 साल की उम्र तक डॉक्टरी करेंगे और इसके बाद रिटायरमेंट ले लेंगे। यह फ़ैसला सुनकर पत्नी को आश्चर्य हुआ। उषा ने वजह जाननी चाही। उपेंद्रनाथ ने बताया कि वे डॉक्टरी के अलावा जीवन में और भी बहुत कुछ करना चाहते हैं। चूँकि उपेंद्रनाथ ने काफ़ी सोच-विचार कर फ़ैसला लिया था, उषा ने कोई आपत्ति नहीं जतायी।

17

निवेशक

मनमोहन सिंह की नीतियों से प्रभावित होकर भारत में निवेश का मन बनाया

नब्बे के दशक की शुरुआत से ही भारत में राजनीतिक, सामाजिक और आर्थिक परिवर्तन होने लगे थे। 1989 में हुए लोकसभा चुनाव में खंडित जनादेश मिला था। लेकिन चुनाव के नतीजों से साफ़ था कि राजीव गांधी के नेतृत्व वाली कांग्रेस पार्टी की करारी हार हुई है। इंदिरा गांधी की हत्या के बाद 1984 में हुए चुनाव में उनके बेटे राजीव गांधी के नेतृत्व वाली कांग्रेस को लोकसभा की 542 में से 426 सीटें मिली थीं। लेकिन 1989 में हुए लोकसभा चुनाव में उसे सिर्फ़ 197 सीटें मिलीं, यानी 217 सीटों का नुक़सान हुआ। देश में गठबंधन सरकार बनीं। जनता दल, तेलुगु देशम पार्टी, द्रविड़ मुनेत्र कड़गम, असम गण परिषद जैसी राजनीतिक पार्टियों ने मिलकर राष्ट्रीय मोर्चा बनाया। केंद्र में राष्ट्रीय मोर्चे की सरकार बनी। कांग्रेस छोड़कर जनता दल में आये विश्वनाथ प्रताप सिंह 2 दिसंबर 1989 को देश के आठवें प्रधानमंत्री बने। विश्वनाथ प्रताप सिंह के एक फ़ैसले की वजह से देश का राजनीतिक परिदृश्य बदल गया। उन्होंने मंडल कमीशन की सिफ़ारिशों को लागू करने का फ़ैसला किया। केंद्र सरकार की नौकरियों में पिछड़ी जाति के लिए 27 प्रतिशत आरक्षण लागू करने की सिफ़ारिश मंडल कमीशन ने की थी। इस सिफ़ारिश को राष्ट्रीय मोर्चा की सरकार ने लागू करने का एलान कर दिया। सरकार के इस फ़ैसले के ख़िलाफ़ देश के कई हिस्सों में प्रदर्शन हुए। सवर्णों ने इस फ़ैसले का जमकर विरोध किया। उधर सरकार को बाहर से समर्थन दे रही भारतीय जनता पार्टी ने भी अयोध्या में राम मंदिर बनाने को लेकर आंदोलन शूरू किया। विश्वनाथ प्रताप सिंह के फ़ैसलों से नाराज़ जनता दल के कई सांसदों ने नयी पार्टी बना ली। चंद्रशेखर इस गुट के नेता बने। विश्वनाथ प्रताप सिंह ने इस्तीफ़ा दे दिया। राष्ट्रीय मोर्चा की सरकार गिर गयी। चंद्रशेखर के गुट को कांग्रेस ने समर्थन देने का एलान

किया। 10 नवंबर 1990 को चंद्रशेखर देश के नये प्रधानमंत्री बने। लेकिन यह सरकार भी ज़्यादा दिन तक नहीं चली। कांग्रेस के समर्थन वापस लेने की वजह से सरकार गिर गयी। लोकसभा चुनाव का एलान हुआ। चुनाव प्रक्रिया के दौरान एक जन सभा को संबोधित करने तमिलनाडु के श्रीपेरम्बदूर गये राजीव गांधी पर आतंकी आत्मघाती हमला हुआ। इस हमले में राजीव गांधी की मृत्यु हो गयी।

1991 के लोकसभा चुनाव में कांग्रेस की जीत हुई। पी. वी. नरसिम्हा राव देश के दसवें प्रधानमंत्री बने। नरसिम्हा राव ने में एक बड़े फ़ैसले से सभी को चौंका दिया। उन्होंने भारतीय रिज़र्व बैंक के पूर्व गवर्नर और जाने-माने अर्थशास्त्री मनमोहन सिंह को देश का वित्त मंत्री बनाया। कई लोग यह मान कर चल रहे थे कि नरसिम्हा राव किसी वरिष्ठ राजनीतिज्ञ को वित्त मंत्री बनाएँगे। राजनीति के जानकारों का कहना है कि दुनियाभर में फैली मंदी और देश की कमज़ोर अर्थ-व्यवस्था को ध्यान में रखते हुए नरसिम्हा राव ने अर्थशास्त्री के हाथों वित्त मंत्रालय की कमान सौंपने का फ़ैसला लिया था। मनमोहन सिंह ने वित्त मंत्री के रूप में भारत में आर्थिक सुधारों की शुरुआत की। इस सुधारों की वजह से देश की अर्थ-व्यवस्था की दशा और दिशा बदल गयी। भारत में अर्थ-व्यवस्था के नये युग का सूत्रपात हुआ। मनमोहन सिंह ने दशकों से बंद भारतीय अर्थव्यवस्था को खोल दिया यानी आर्थिक उदारीकरण की शुरुआत की। उन्होंने लाइसेंस राज का भी ख़ात्मा किया। जब वे वित्त मंत्री बने थे, तब देश की हालत बेहद ख़राब थी। देश को अपना ख़र्च चलाने के लिए सोना गिरवी रखना पड़ा था। आर्थिक सुधारों के तहत मनमोहन सिंह ने टैक्स कम किये, विदेशी निवेश को बड़े पैमाने पर प्रोत्साहित किया और विदेशी कारोबारियों को भारत की ओर आकर्षित किया।

अमेरिका में एक कामयाब और क़ाबिल सर्जन के रूप में ख़ूब शोहरत हासिल कर चुके उपेंद्रनाथ भी मनमोहन सिंह की नीतियों से काफ़ी प्रभावित हुए। देश के प्रधानमंत्री भी चूँकि आंध्रप्रदेश से ही थे, उपेंद्रनाथ के मन पर नरसिम्हा राव की बातों का भी गहरा असर पड़ा। प्रधानमंत्री और वित्त मंत्री दोनों विदेश में बस चुके भारतीय नागरिकों से स्वदेश में निवेश करने और भारत के विकास में भी भागीदार बनने की अपील कर रहे थे। इस अपील से प्रभावित उपेंद्रनाथ ने भी भारत में निवेश करने का मन बना लिया।

18

उद्यम

तीन में फ़ायदा और नौ कंपनियों में घाटा, फिर भी मालामाल

भारतीय बाज़ार को खोल दिये जाने की वजह से कई भारतीय उद्योगपति और उद्यमी निवेश जुटाने के मक़सद से अमेरिका जाने लगे थे। ये उद्योगपति और उद्यमी अमेरिका में रह रहे भारतीयों से मिलते थे और उन्हें अपनी अलग-अलग परियोजनाओं के बारे में बताकर उनमें निवेश करने का अनुरोध करते थे। निवेशकों की तलाश में आंध्रप्रदेश से भी कई उद्यमियों का अमेरिका आना-जाना शुरू हो गया था। चूँकि उपेंद्रनाथ धन-दौलत और शोहरत हासिल कर चुके थे, उद्योगपति और उद्यमी या फिर उनके प्रतिनिधि आये दिन उपेंद्रनाथ से मिलने आते थे। चालू परियोजनाओं या फिर प्रस्तावित परियोजनाओं के बारे में बताकर उन्हें इनमें निवेश करने का आग्रह करते थे।

उपेंद्रनाथ ने सबसे पहले बार निवेश सिंगापुर की एक कंपनी में निवेश किया। हुआ यूँ था कि एक दोस्त ने उपेंद्रनाथ को सिंगापुर में प्रिंटर सर्किट बोर्ड बनाने वाली एक कंपनी के बारे में बताया। दोस्त का कहना था कि कंपनी के मालिक उसे बेचना चाह रहे हैं। इस दोस्त की सलाह थी कि कंपनी का अधिग्रहण कर लेना चाहिए। कंपनी के बारे में ख़ुद से जानने के लिए उपेंद्रनाथ ने तीन बार सिंगापुर की यात्रा की। उन्हें भी लगा कि कंपनी का अधिग्रहण कर उसे पेशेवर तरीक़े से चलाने से फ़ायदा होगा। चार दोस्तों के साथ मिलकर उपेंद्रनाथ ने इस कंपनी का टेकओवर कर लिया। साथियों की तुलना में उपेंद्रनाथ ने सबसे ज़्यादा निवेश किया।

कंपनी टेकओवर करने के बाद बंबई के एक कारोबारी भगवानदास दोषी ने कंपनी के सारे उपकरण बंबई के उपनगरीय क्षेत्र ले जाकर वहाँ प्रोडक्शन यूनिट यानी उत्पादन ईकाई खोलने का सुझाव दिया। चूँकि सिंगापुर के मार्किट में प्रतिस्पर्धा काफ़ी तगड़ी थी

और दूसरी कंपनियाँ अत्याधुनिक उपकरणों का इस्तेमाल कर रही थीं, उपेंद्रनाथ को लगा कि गला-काट प्रतिस्पर्धा में उनकी कंपनी कट जाएगी। इसी वजह से उन्होंने दोषी का प्रस्ताव मान लिया। सारे उपकरण बंबई लाये गये और एक नये उत्पादन केंद्र की शुरुआत हुई। 'फाइन-लाइन' के नाम शूरू हुई यह कंपनी चल पड़ी और आज भी मुनाफ़ा देने लगी।

उपेंद्रनाथ ने उद्यमी गल्ला रामचंद्र नायुडु की कंपनी में भी निवेश किया। रामचंद्र नायुडु मूल रूप से आंध्रप्रदेश के चित्तूर ज़िले के निवासी थे। भारत से इंजीनियरिंग की डिग्री लेने के बाद वे उन्नत शिक्षा के लिए अमेरिका चले गये। नायुडु को अमेरिका में नौकरी भी मिल गयी। कुछ सालों तक अमेरिका में नौकरी करने के बाद रामचंद्र नायुडु ने अपने राज्य आंध्रप्रदेश में उद्योग स्थापित करने का फ़ैसला लिया। उन्होंने अमरराजा एलेक्ट्रोनिस कंपनी बनायी। उपेंद्रनाथ और उनके कुछ साथियों ने इस कंपनी में निवेश किया। उपेंद्रनाथ कंपनी के संस्थापकों में एक थे। इस कंपनी ने चित्तूर ज़िले में अपनी प्रोडक्शन यूनिट शूरू की और निर्बाध बिजली की आपूर्ति करने वाले विद्‌त उपकरण यानी यूपीएस बनाने लगी। इस कंपनी ने भी दिन दुगुनी, रात चौगुनी तरक़्क़ी की। आगे चलाकर इस कंपनी ने बैटरियाँ भी बनानी शूरू कीं।

उपेंद्रनाथ ने लैंको इंडस्ट्रीज में भी निवेश किया। वे इस कंपनी के बड़े निवेशकों में एक बने। लैंको ने कंस्ट्रक्शन और रियल एस्टेट से शुरुआत की थी और आगे चलकर अपने कार्य-क्षेत्र को बढ़ाया। लैंको में निवेश की वजह से भी उपेंद्रनाथ को मुनाफ़ा हुआ।

फाइन-लाइन, अमरराजा और लैंको ही तीन ऐसी कंपनियाँ हैं, जिनमें निवेश से उपेंद्रनाथ को फ़ायदा हुआ। उन्होंने कुल बारह कंपनियों में निवेश किया, इनमें से तीन कामयाब रहीं, जबकि बाक़ी नौ खड़ी नहीं हो पायीं। उपेंद्रनाथ ने फार्मा और रियल एस्टेट कंपनियों में निवेश किया, लेकिन वे चल नहीं पायीं। लेकिन नौ कंपनियों में निवेश से जो घाटा हुआ वह कम था और जिन तीन कंपनियों में निवेश से जो मुनाफ़ा हुआ वह बहुत ही बड़ा था।

19

सीख

कारोबार ने सिखाये कई सबक़

उद्यमी बनने के बाद उपेंद्रनाथ को कई नये सबक़ सीखने को मिले। उन्हें इस बात का अहसास हुआ कि दुनिया में तरह-तरह के लोग हैं। कई लोग ऐसे हैं, जो रुपये कमाने के लिए लोगों से झूठ बोलते हैं, धोका देते हैं और पीठ पीछे खंज़र घोंपते हैं। उपेंद्रनाथ समझ गये कि परिचित हो अपरिचित, निवेश करने का सुझाव देने वाले व्यक्ति की बातों पर सीधे और आँख मूंदे यक़ीन नहीं करना चाहिए। और तो और, कई लोग ऐसे भी होते हैं, जो परियोजना की कल्पना सिर्फ़ निवेश जुटाने के लिए करते हैं। काग़ज़ों पर परियोजना शानदार, बड़ी और कारगर जान पड़ती है। परियोजना में निवेश करने से भविष्य में काफ़ी मुनाफ़ा होता नज़र आता है। लेकिन प्रस्तावक निवेशकों से राशि जुटाकर या तो चंपत हो जाते हैं या तरह-तरह के बहाने बनाकर निवेश की राशि डकार लेते हैं। उपेंद्रनाथ के पास भी रंगीन सपने दिखाने वाले कई लोग आये। ये लोग सिर्फ़ चिकने मुँह चूमते थे। जैसे-जैसे बात फैली कि उपेंद्रनाथ बड़े पैमाने पर निवेश की इच्छा रखते हैं, वैसे-वैसे उनके पास तरह-तरह के सौदागर आये। शुरुआत में कुछ सौदागरों के हाथों धोका खाने के बाद उपेंद्रनाथ ने सावधानियाँ बरतनी शूरू कीं। जो कोई प्रस्तावक उनके पास आता, वे पहले उसकी पृष्ठभूमि के बारे में पता लगाते। इसके बाद परियोजना के प्रस्ताव का गहराई से अध्ययन करते। जानकारों से सलाह-मशवरा लेते। न सिर्फ़ मुनाफे की संभावनाओं के बारे में पता लगते बल्कि जोखिमों के बारे में भी जानकारी जुटा लेते। उपेंद्रनाथ इस बात से भी वाक़िफ़ हो गये कि चीज़ों पर उनका नियंत्रण नहीं है। मसलन अगर प्रस्तावक सच्चा है, परियोजना का प्रस्ताव भी अच्छा है, अगर निवेश किया भी जाता है, तब अगर कोई दुर्घटना हो गयी, तब घाटा हो सकता है। सामाजिक, आर्थिक और राजनीतिक हालात में बदलाव भी योजनाओं और परियोजनाओं पर प्रतिकूल असर डाल सकते हैं। उपेंद्रनाथ को

यह समझने में देर नहीं लगी कि ख़तरों से खेले बिना, जोखिम उठाये बिना कोई कामयाब उद्यमी नहीं बन सकता है। सिर्फ़ निवेश कर देने से कोई उद्यमी नहीं बनता। भविष्य में होने वाली संभावित घटनाओं का अनुमान लगाना ज़रूरी होता है। अनुमान और आकलन सही होने पर ही उद्यमी और निवेशक को ज़्यादा निराशा नहीं होती। सबसे बड़ा सबक़ जो उपेंद्रनाथ को मिला, वह यह था कि बिना सोचे-समझे, बिना उद्योग के बारे में जानकारी हासिल किये, भविष्य में हो सकने वाली घटनाओं का अंदाज़ा लगाये बिना, भविष्य के लिए एक पक्की कार्य-योजना बनाये बिना निवेश करने से निराशा ही हाथ लगती है।

अलग-अलग परियोजनाओं में निवेश करने का मक़सद सिर्फ़ मुनाफ़ा नहीं था। उपेंद्रनाथ नरसिम्हा राव और मनमोहन सिंह की नीतियों से इतना ज़्यादा प्रभावित थे कि भारत में निवेश कर विकास की गति को बढ़ाने में अपना योगदान देना चाहते थे। उनका इरादा मातृभूमि की सेवा करना था।

उपेंद्रनाथ जानते थे कि भारत कई देशों के मुक़ाबले काफ़ी पिछड़ा हुआ है। सिर्फ़ विज्ञान-प्रौद्योगिकी और चिकित्सा-सेवा के मामले में ही नहीं, बल्कि कई क्षेत्रों में वह पिछड़ा था। भारत में विश्वस्तरीय वैज्ञानिक हैं, चिन्तक हैं, योजनाकार हैं, अभियंता हैं। इन सब के पास भारत को हर क्षेत्र में आगे ले जाने के लिए कार्य-योजनाएँ हैं। इन कार्य-योजनाओं को मूर्त रूप देने के लिए ज़रूरी साधन नहीं हैं। साधन जुटाने के लिए पूँजी नहीं है। यही वजह है कि उपेंद्रनाथ भारत के विकास से जुड़ी परियोजनाओं में पूँजी लगाना चाहते हैं। उपेंद्रनाथ को अपने राज्य से सबसे ज़्यादा लगाव था। यही वजह थी कि जिन बारह परियोजनाओं में उन्होंने निवेश किया, उनमें से दस आंध्रप्रदेश से जुड़ी थीं।

उपेंद्रनाथ चिकित्सा के क्षेत्र में कुछ बड़ा और ऐतिहासिक काम करना चाह रहे थे। चिकित्सा उनके मन के सबसे क़रीब था। जब उन्होंने यह फ़ैसला लिया था कि 58 साल पूरे करते ही वे डॉक्टर के तौर पर सेवानिवृत्त हो जाएँगे, तब उनके मन में यही ख़्याल था कि वे भारत में चिकित्सा सुविधाओं को बेहतर बनाने में अपना योग देंगे।

जब अमेरिका में साथी डॉक्टरों और मित्रों को पता चला कि उपेंद्रनाथ ने 58 साल की उम्र के बाद चिकित्सा सेवा से रिटायरमेंट लेने का फ़ैसला लिया है, तब कइयों को बहुत आश्चर्य हुआ। उपेंद्रनाथ बहुत व्यस्त डॉक्टर थे। उनका बहुत सम्मान था। उनकी क़ाबिलियत की तारीफ़ हर तरफ़ हो रही थी। लेकिन ज़्यादातर लोग जानते थे कि उपेंद्रनाथ इरादों के पक्के हैं। वे हर फ़ैसला काफ़ी सोच-समझ कर लेते हैं और एक बार फ़ैसला ले लेते हैं, तो उसे पलटते नहीं हैं। जो लोग उपेंद्रनाथ के इस स्वभाव के बारे में नहीं जानते थे, उनमें से कुछ ने उनसे इतनी जल्दी रिटायरमेंट लेने के कारण के बारे में

सवाल किये। इन सवालों के जवाब में उपेंद्रनाथ ने कहा, "मैं जीवन में और भी बहुत कुछ करना चाहता हूँ। अगर समय निकल गया, तो कुछ नहीं कर पाऊँगा, बस सर्जरी करता रह जाऊँगा।"

20

विषाद

बेटे की मौत से पहुँचा सबसे बड़ा सदमा

एक समय ऐसा आया, जब उपेंद्रनाथ को लगा कि जीवन में जिस किसी चीज़ की उन्होंने कामना की, वह उन्हें मिली। वे अपने जीवन से काफ़ी संतुष्ट थे। लेकिन इंसान का जीवन हमेशा एक जैसा नहीं रहता। कई बातें, कई चीज़ें ऐसी होती हैं, जिन पर उसका वश नहीं होता। ज़िंदगी अनिश्चिताओं से भरी होती है। कब क्या हो, किसी को पता नहीं लगता। सुख दुःख में बदल सकते हैं और लम्बे समय से साथ चला आ रहा दुःख अचानक ख़त्म हो जाता और जीवन में ख़ुशियाँ आ जाती हैं। जीवन को अलग-अलग विद्वानों ने अलग-अलग तरह से परिभाषित किया है। वैसे तो जन्म से मृत्यु के बीच की कालावधि को जीवन कहा जाता है, लेकिन जीवन में हर इंसान के अपने अनुभव होते हैं। सबकी अपनी अलग ज़िंदगी होती है। कुछ लोगों के जीवन में समानताएँ हो सकती हैं, कुछ अनुभव एक जैसे हो सकते हैं, घटनाएँ-दुर्घटनाएँ एक जैसी हो सकती हैं, लेकिन सारा जीवन एक जैसा नहीं होता। सबका जीवन अपना अलग होता है और सबकी अपनी अलग कहानी होती है। किसी की कहानी बड़ी होती है, तो किसी की छोटी। किसी के जीवन में सुख ज़्यादा होते हैं, तो किसी के जीवन में दुःख। जन्म और मृत्यु के बीच सुख-दुःख, आशा-निराशा, पीड़ा-आनंद का चक्र चलता रहता है।

उपेंद्रनाथ और उनकी पत्नी उषा अपने पेशे में इतने व्यस्त रहे कि उन्हें अपने बच्चों के साथ समुचित समय बिताने का मौक़ा नहीं मिला। बेटी माधवी और बेटे श्रीधर को दोनों ने नामचीन शिक्षा संस्थान में दाख़िला दिलवा दिया। दोनों बच्चों पर अमेरिकी संस्कृति का काफ़ी प्रभाव पड़ा। जैसा देश, वैसा वेश।

दोनों स्वतंत्र जीवन जीने के हिमायती बने। दोनों को बंदिशों में जीना सख़्त नापसंद था।

उपेंद्रनाथ की माँ की ज़िंद थी कि वे अपने पिता की तरह डॉक्टर बनें। माँ तो चाहती थीं कि सभी बच्चे डॉक्टर बने। वे अपनी बड़ी बेटी को डॉक्टर नहीं बना पायीं, लेकिन बाक़ी तीनों बच्चों को डॉक्टर बनने में कामयाब रहीं। उपेंद्रनाथ की तरह ही उनकी छोटी बहन प्रफुल्ला और छोटे भाई लोकनाथ भी डॉक्टर बने। इन तीनों के डॉक्टर बनने की सबसे बड़ी वजह माँ की ज़िद थी। सरकारी मेडिकल कॉलेज में सीट न मिलने पर भी माँ ने उपेंद्रनाथ का दाख़िला निजी मेडिकल कॉलेज में करवाया। बेटी को डॉक्टर बनाने के लिए कलकत्ता भिजवाया। सबसे छोटे बेटे को निजी कॉलेज से डॉक्टरी की पढ़ाई करवायी। कई लोगों को लगता था कि उपेंद्रनाथ भी चाहेंगे कि उनके दोनों बच्चे उनकी तरह ही डॉक्टर बनें और पिता-दादा की विरासत को आगे बढ़ाएँ। चूँकि बच्चे भारत के माहौल में नहीं, बल्कि अमेरिकी माहौल में पढ़-बढ़ रहे थे, वे अपने फ़ैसले लेने को स्वतंत्र थे। बेटी माधवी का मन शूरू ही से उद्यमिता की ओर रहा। पढ़ाई में उनकी दिलचस्पी शूरू से कम रही। न माता-पिता ने कभी डॉक्टर बनने को कहा, न कभी माधवी ने डॉक्टर बनने की कोशिश की।

बेटे श्रीधर का स्वभाव भी अलग था। वे भी अपने फ़ैसले लेने को स्वतंत्र थे। चूँकि उपेंद्रनाथ और उनकी पत्नी का ज़्यादा समय अस्पताल में बीतता था, दोनों बच्चे अपनी दादी के साथ काफ़ी समय बिताते थे। श्रीधर अपनी दादी पुष्पवती पर जान छिड़कते थे। दादी अपने पोते के लिए कुछ भी करने को तैयार रहती थीं।

किसी को पता नहीं चला कि श्रीधर का सारा दृष्टिकोण कब और कैसे आध्यात्मिक हो गया। किशोरावस्था में ही श्रीधर अध्यात्म की बारे में बातें करने लगे। वे पुट्टपर्ति के सत्य साईं बाबा की बातों से इतना प्रभावित हुए कि उनको अपना आध्यात्मिक गुरु बना लिया। श्रीधर साईं मिशन से जुड़ गये और सत्य साईं बाबा के अनुयायियों के साथ मिलकर धार्मिक, सामाजिक और आध्यात्मिक कार्यक्रमों में बढ़-चढ़कर हिस्सा लेने लगे।

ये वे दिन थे, जब पुट्टपर्ति के सत्य साईं बाबा की लोकप्रियता दिन-ब-दिन बढ़ रही थी। दुनिया के अलग-अलग देशों में लोग उनके चमत्कारों के बारे में बातें करने लगे थे। सत्य साईं बाबा का जन्म आंध्रप्रदेश के पुट्टपर्ति में एक साधारण परिवार में हुआ था। उनके पिता का नाम पेद्दा वेंकम राजू और माता का नाम मीसरागंडा ईश्वरम्मा था। दोनों 'भट्टराजू' जाति से थे। 'भट्टराजू' जाति के लोग राजाओं-महाराजों के दरबार में संगीतकार और वाद्यकार हुआ करते थे। ये लोग राजा-महाराजा का गुणगान करने के लिए जाने-जाते थे।

23 नवंबर, 1926 को जब वेंकम राजू और ईश्वरम्मा को लड़का हुआ तब पति-पत्नी ने अपनी संतान का नाम रखा सत्यनारायण राजू। सत्यनारायण राजू को शूरू से ही अपने पूर्वजों की तरह संगीत और साहित्य में रुचि थी। सब कुछ सामान्य चल रहा था कि चौदह

साल की उम्र में सत्यनारायण राजू ने अचानक यह घोषणा कर दी कि वे शिरड़ी के साईं बाबा के अवतार हैं। इसके बाद उन्होंने ख़ुद को नया नाम दे दिया, और कहा कि वे अब से 'सत्य साईं बाबा' कहलायेंगे। उन्होंने साधारण वस्त्र पहनना छोड़ दिया और सन्यासी वाले गेरुए कपड़े पहनने लगे। इसके बाद 'सत्य साईं बाबा' कथित तौर पर 'चमत्कार' करने लगे। जो लोग उनके पास अपनी समस्याएँ लेकर आते, बाबा उन्हें प्रसाद देते। कुछ लोगों ने यह दावा करना शूरू किया कि सत्य साईं का दिया हुआ प्रसाद खाने से समस्या दूर हो जाती है। समस्या चाहे मानसिक हो या शारीरिक, सत्य साईं के प्रसाद से वह छूमंतर हो जाती है। सत्य साईं लोगों की आर्थिक, पारिवारिक और सामाजिक समस्याओं का निदान भी अपने 'प्रसाद' से करने लगे। कहा जाता है कि जो कोई भक्त सत्य साईं के पास आता, वे उसे हवा में से कुछ वस्तु निकालकर देते और कहते कि यह प्रसाद है और इसके सेवन से परेशानी दूर हो जाएगी। सत्य साईं कभी हवा से कोई फल निकालकर देते, तो कभी विभूति। कई लोग सत्य साईं के इस 'चमत्कार' और उनके चमत्कारी प्रसाद से काफ़ी प्रभावित हुए। बात दूर-दूर तक पहुँची। लोग अपनी समस्याएँ लेकर सत्य साईं के पास आने लगे। बाबा के भक्तों के संख्या दिन-ब-दिन बढ़ती चली गयी। 1944 में बाबा के कुछ भक्तों ने मिलकर पुट्टपर्ति में उनके लिए एक मंदिर बनवाया। सत्य साईं ने मंदिर को 'प्रशांति निलयम' नाम दिया। सत्य साईं अब यहीं रहने लगे। उनके दर्शन के लिए हर दिन भारी संख्या में लोग आने लगे। कई लोग बाबा के चमत्कार से लाभान्वित होने का दावा करते हुए उन्हें दानस्वरूप धनराशि देने लगे। जैसे-जैसे भक्तों की संख्या बढ़ी, वैसे-वैसे प्रशांति निलयम का आकार बढ़ा। भक्तों ने हैदराबाद, बैंगलोर, बंबई जैसे शहरों में भी सत्य साईं के मंदिर बनवाये। सत्य साईं ने दानस्वरूप मिली धन-संपत्ति का इस्तेमाल ग़रीब लोगों के कल्याण और क्षेत्र के विकास में भी किया। सत्य साईं ने कई सूखा-प्रभावित गाँवों में पीने का पानी पहुँचाना शूरू किया। ग़रीबों के लिए स्कूल, कॉलेज और अस्पताल बनवाये। यहाँ बिना कोई शुल्क लिये लोगों को शिक्षा और चिकित्सा-सेवा दी गयी। एक समाज-सेवी के रूप में भी सत्य साईं काफ़ी चर्चित हुए। विदेश में भी उनके भक्तों की संख्या बढ़ी। सत्य साईं ने ख़ुद कई भजन लिखे, उन्हें संगीतबद्ध किया और गाया भी। ये भजन भी लोगों में ख़ूब लोकप्रिय होने लगे। उनकी बातों, प्रवचनों से कई लोग प्रभावित हुए। सत्य साईं अपने प्रवचनों में 'प्रेम' पर काफ़ी ज़ोर देते थे। वे कहते, "प्रेम के बिना जीवन का कोई अर्थ नहीं है। दिन का आरंभ प्रेम से करो। प्रेम से दिन व्यतीत करो। प्रेम से ही दिन को भर दो। प्रेम से दिन का समापन करो। यही प्रभु को पाने का मार्ग है।" वे यह भी कहते, "अगर तुम्हें मुझ पर विश्वास है, तभी तुम्हें मेरी अनुकंपा प्राप्त होगी। अगर भगवान पर विश्वास नहीं है, तो भगवान की अनुकंपा भी प्राप्त नहीं होगी।" सत्य साईं कहते कि ज़रूरतमंदों की सेवा करने

से पुण्य मिलता है। वे 'सत्य, धर्म, शांति, प्रेम और अहिंसा' को जीवन के लिए सबसे ज़रूरी बताते थे और कहते थे कि इन्हीं गुणों से इंसान का जीवन सफल बनता है।

उपेंद्रनाथ अस्पताल में मरीज़ों का इलाज करते हुए इतना व्यस्त रहते थे कि उन्हें यह पता नहीं चला कि कब उनके बेटे पर सत्य साईं बाबा का प्रभाव पड़ा और वह सेवाभावी और आध्यात्मिक प्रवित्ति का हो गया। जब श्रीधर ने सत्य साईं बाबा के भक्तों के साथ मिलकर समाज-सेवा और धार्मिक कार्यक्रमों में बढ़-चढ़ कर हिस्सा लेना शूरू किया, तब उन्हें अहसास हुआ कि उनके लड़के ने अलग राह पकड़ी है। सत्य साईं बाबा के भक्तों ने कैलिफ़ोर्निया में एक आश्रम बनाया था और श्रीधर वहीं जाकर रहने लगे थे। वे महीने में एक-दो बार आकर अपने परिवारवालों से मिलते थे। परिवार में किसी को श्रीधर की इस प्रवित्ति पर कोई आपत्ति नहीं थी। सभी चाहते थे कि श्रीधर हमेशा ख़ुश रहे। माता-पिता ने बहुत धन-दौलत कमायी थी। उपेंद्रनाथ और उषा चाहते थे कि उनके बच्चों को उनकी मेहनत का फल मिले।

सब कुछ ठीक चल रहा था। सब अपने काम में मशग़ूल थे। अचानक एक ख़बर आयी। इस ख़बर से उपेंद्रनाथ और उनके पूरे परिवार को सदमा पहुँचा। उपेंद्रनाथ को ख़बर पर यक़ीन नहीं हो रहा था। ख़बर सुनकर उनकी माँ और पत्नी बेसुध हो गयीं।

उपेंद्रनाथ को ख़बर मिली थी कि उनके लड़के ने कैलिफ़ोर्निया में ख़ुदकुशी कर ली है। इस ख़बर ने पूरे परिवार को दुःख के सागर में डुबो दिया।

सभी को होनहार श्रीधर से बहुत उम्मीदें थीं। वह शूरू से ही पढ़ाई-लिखाई में तेज़ था। बुद्धि कुशाग्र थी। कोई अपने सबसे बड़े कुस्वप्न में भी नहीं सोच सकता था कि श्रीधर ऐसा काम करेगा।

पूरे परिवार के लिए यह सबसे करार झटका था। सबसे पीड़ादायक समय था। बेटे को लेकर उपेंद्रनाथ और उषा के कई सपने थे, कई अरमान थे। उन्हें उम्मीद थी कि श्रीधर परिवार की विरासत को आगे बढ़ाएगा। युवा श्रीधर की ख़ुदकुशी से पहुँचे सदमे से उबरने में उपेंद्रनाथ और उनके परिवार को काफ़ी समय लगा।

उपेंद्रनाथ यह जान नहीं पाये कि उनके बेटे ने ख़ुदकुशी क्यों की। श्रीधर ने कभी भी किसी से परेशान होने, निराश होने, दुखी होने, जैसी कोई बात नहीं की थी। वे ज़्यादातर अपनी दादी से ही बातें करते थे। दादी से भी उन्होंने कभी कुछ ऐसा नहीं कहा, जिससे लगे कि वे निराश हैं। ख़ुदकुशी करने का संकेत देना तो बहुत दूर की बात है, श्रीधर ने कभी ऐसा कुछ नहीं किया और न कहा जिससे किसी को यह लगे कि वे निराश हैं, उदास हैं, मायूस हैं, या फिर ज़िंदगी से तंग हैं।

जवान बेटा दुनिया छोड़कर चला गया। उपेंद्रनाथ ने ख़ुदकुशी के कारण जानने की कोशिश नहीं की। माँ, पत्नी और बेटी को सदमे से उबारने की कोशिश में जुट गये।

लेकिन एक बात उपेंद्रनाथ के मन को अब बहुत चोट पहुँचाने लगी। उन्हें इस बात का अफ़सोस रहने लगा कि वे अपने बच्चों के साथ उतना समय नहीं बिता पाये, जितना कि उन्हें बिताना चाहिए था। उपेंद्रनाथ को लगता कि अगर वे श्रीधर के साथ ज़्यादा समय बिताते, उनसे बातें करते, तो शायद वे अपने बेटे की मनःस्थिति के बारे में जान पाते। उपेंद्रनाथ को वह समय बार-बार याद आने लगा जब उन्होंने यूँ ही अपने बेटे से पूछा था कि, "क्या तुम भी अपने माता-पिता की तरह डॉक्टर बनोगे?" इस सवाल के जवाब में श्रीधर ने कहा था, "आप दोनों डॉक्टर हो। मैं जानता हूँ, आप दोनों कितना काम करते हो। कितना व्यस्त रहते हो। आप दोनों के पास अपने बच्चों के साथ समय बिताने का समय नहीं है। मैं नहीं चाहता कि मैं आपकी तरह व्यस्त रहूँ। मैं अपने लिए, अपने परिवार के लिए समय चाहता हूँ।"

कहा जाता है कि कभी-कभी दूरियाँ रिश्ते मजबूत करने के लिए ज़रूरी होती है। दूरियाँ लोगों को एक-दूसरे के और भी क़रीब लाती हैं। लेकिन श्रीधर के मामले में यह सही नहीं था। वे दूर क्या गये, दूर होते ही चले गये। इतना दूर चले गये कि अपने परिजनों को यह बताने तक की ज़रूरत नहीं समझी कि उन्होंने ख़ुदकुशी की क्यों सोची।

उपेंद्रनाथ ने फ़ैसला किया कि अब चाहे जो हो, वे अपने परिवार के साथ ज़्यादा से ज़्यादा समय बिताएँगे।

सच ही है। हादसे सबक़ सिखाते हैं। दुःख की घड़ियाँ इंसान को उसकी ग़लतियों का भी अहसास कराती है।

21

उपलब्धि

जीवन का सबसे बड़ा सपना हुआ जब पूरा

भारत में चिकित्सा-क्षेत्र में कुछ अच्छा और बड़ा करने का अवसर उपेंद्रनाथ को साल 2001 में मिला। एक अनुभवी डॉक्टर के नाते अपनी मातृभूमि की सेवा करने को तत्पर उपेंद्रनाथ के घर अवसर ने आकर ख़ुद दस्तक दी। जाने-माने चिकित्सक और उद्यमी चिंतमनेनि सुरेश आंध्रप्रदेश में एक निजी मेडिकल कॉलेज खोलने का प्रस्ताव लेकर अमेरिका आये हुए थे। इन्हें मेडिकल कॉलेज की स्थापना के लिए निवेशकों की तलाश थी। ख़ास और परिचित लोगों की एक बैठक में सुरेश ने मेडिकल कॉलेज से जुड़ी परियोजना के बारे में उपस्थितजनों को बताया। उपेंद्रनाथ को प्रस्ताव काफ़ी अच्छा लगा और उन्होंने न सिर्फ़ निवेश करने, बल्कि मेडिकल कॉलेज की स्थापना में अपना जी-जान लगाने का मन बना लिया।

उपेंद्रनाथ के तुरंत फ़ैसला करने की एक बड़ी वजह थी वह जगह, जहाँ मेडिकल कॉलेज बनाये जाने का प्रस्ताव था। सुरेश ने मंगलगिरी में मेडिकल कॉलेज के लिए ज़मीन ख़रीद रखी थी। मंगलगिरी विजयवाड़ा और गुंटूर शहरों के बीच पड़ता है। यह छोटा शहर उपेंद्रनाथ के पैतृक गाँव से काफ़ी क़रीब है। इस इलाक़े में एक मेडिकल कॉलेज के साथ-साथ एक बड़े अस्पताल की सख़्त ज़रूरत थी। उपेंद्रनाथ को लगा कि इस मेडिकल कॉलेज और उससे जुड़े अस्पताल की स्थापना में बड़ी भूमिका निभाकर वे मातृभूमि का क़र्ज़ कुछ हद तक उतार पाएँगे।

सुरेश उन दिनों गुंटूर ज़िले के ताड़ेपल्ली में एक अस्पताल चला रहे थे। सौम्या हॉस्पिटल के नाम से चल रहा यह चिकित्सालय इलाक़े में लोगों के बीच काफ़ी मशहूर था। आवश्यकता को जानकर वे इसी इलाक़े में एक मेडिकल कॉलेज की स्थापना करने की कोशिश में लगे थे। उन्होंने कॉलेज के लिए ज़मीन ख़रीद ली थी और लाइसेंस के लिए

आवेदन कर दिया था। पूँजी की क़िल्लत की वजह से निवेशकों की तलाश में वे अमेरिका आये थे। उपेंद्रनाथ और तीन अन्य डॉक्टरों ने पहली मुलाक़ात में ही सुरेश का साथ देने का एलान कर दिया। चूँकि अप्रवासी भारतीयों की मदद से मेडिकल कॉलेज बनाया जा रहा था, सभी ने कॉलेज का नाम 'एनआरआई मेडिकल कॉलेज' रखने का फ़ैसला लिया। सभी ने मिलकर यह निर्णय भी किया कि 'एनआरआई अकैडमी ऑफ़ साइंसेज़' नाम की एक संस्था बनायी जाएगी और इसी के तत्वावधान में मेडिकल कॉलेज और अस्पताल चलाये जाएँगे। जो कंपनी बनी, उसमें उपेंद्रनाथ डायरेक्टर बने।

ये वे दिन थे, जब भारत में शिक्षा और चिकित्सा के क्षेत्र में बड़े पैमाने पर बदलाव हो रहे थे। देशभर की तरह ही आंध्रप्रदेश में बड़े पैमाने पर उच्च शिक्षा संस्थान और आधुनिक उपकरणों से लैस अस्पताल खुलने लगे थे। निजी क्षेत्र में भी इंजीनियरिंग और मेडिकल कॉलेज खुलने शूरू हुए थे।

कुछ अप्रवासी भारतीय डॉक्टरों का साथ मिलने के बाद चिंतमनेनि सुरेश ने मेडिकल कॉलेज खोलने की प्रक्रिया को गति दे दी।

इस दौरान उपेंद्रनाथ और उनके मित्र डॉ. अक्किनेनि सुदर्शन राव ने कई बार भारत का दौरा किया। नियमित रूप से मेडिकल कॉलेज की स्थापना के लिए किये जा रहे कार्यों की समीक्षा की।

लेकिन मेडिकल कॉलेज से अनुबद्ध होने वाले अस्पताल का भवन तैयार न होने की वजह से सरकार ने असेन्शीऐलिटी सर्टिफ़िकेट यानी अनिवार्यता प्रमाण-पत्र नहीं दिया। अनिवार्यता प्रमाण-पत्र हासिल करने के लिए मंगलगिरी में एक बड़ा भवन बनवाया गया। इसके बाद निवेशक तत्कालीन मुख्यमंत्री चंद्रबाबू नायुडु से मिलने गये। निवेशकों ने मुख्यमंत्री से जल्द से जल्द मेडिकल कॉलेज को असेन्शीऐलिटी सर्टिफ़िकेट देने का अनुरोध किया। इस अनुरोध पर मुख्यमंत्री ने एक कमेटी बनायी और उसे परियोजना और उससे जुड़े कार्यों का अध्ययन और मूल्यांकन करने का निर्देश दिया। कमेटी के सदस्यों ने भवन का मुआयना किया और सभी पहलुओं का अध्ययन करने के बाद योग्यता सर्टिफ़िकेट दे दिया।

लेकिन इसके बाद एक और बड़ी अड़चन आयी। मेडिकल कॉलेज शूरू करने के लिए अनुमति से जुड़ी फ़ाइल केंद्र सरकार के पास लंबित पड़ गयी। उस समय अटल बिहारी वाजपेयी प्रधानमंत्री थे और उनकी सरकार में सुषमा स्वराज स्वास्थ्य और चिकित्सा मंत्री थीं। फ़ाइल सुषमा स्वराज के पास लंबित थी। कोई नहीं जानता था कि सुषमा स्वराज फ़ाइल पर साइन क्यों नहीं कर रही हैं। उनके एक हस्ताक्षर से मेडिकल कॉलेज शूरू हो

जाता। उपेंद्रनाथ और उनके कुछ साथियों ने दिल्ली जाकर सुषमा स्वराज से मिलने का फ़ैसला किया। मंत्री से मिलकर इन लोगों ने कॉलेज खोलने की अनुमति देने का अनुरोध किया। साथ ही मंत्री को कॉलेज खोलने के उद्देश्यों के बारे में बताया। उपेंद्रनाथ और उनके साथियों की बातें सुनने के बाद सुषमा स्वराज ने फ़ाइल पर साइन कर दिया। ख़ुशी-ख़ुशी उपेंद्रनाथ और उनके साथी मंगलगिरी लौट आये।

सितंबर 2003 में एनआरआई मेडिकल कॉलेज की विधिवत शुरुआत हुई। 100 विद्यार्थियों के साथ एमबीबीएस कोर्स शूरू करने की अनुमति मिली थी। जिस दिन एमबीबीएस कोर्स की पहली कक्षा हुई, उस दिन उपेंद्रनाथ की ख़ुशी का कोई ठिकाना नहीं रहा। यह दिन उनके जीवन के सबसे सुखदायी दिनों में एक था।

22

कार्यसिद्धि

अमेरिका के अनुभव भारत में काम आये

मेडिकल कॉलेज शूरू होने के बाद उपेंद्रनाथ ने भारत में काफ़ी समय बिताना शूरू किया। वे ज़्यादातर समय मेडिकल कॉलेज से अनुबद्ध अस्पताल में रहने लगे। शुरुआती दिनों में उपेंद्रनाथ ने मरीज़ों का इलाज भी किया। कई मरीज़ों की सर्जरी भी की। लेकिन मरीज़ों के इलाज में ज़्यादा समय बिताने की वजह से मेडिकल कॉलेज और अस्पताल के प्रबंधन में दिक़्क़तें आने लगीं। उपेंद्रनाथ ने सर्जरी करना बंद कर दिया।

उपेंद्रनाथ ने यह सुनिश्चित किया कि एनआरआई मेडिकल कॉलेज में छात्रों के लिए सर्वश्रेष्ठ शिक्षक, व्याख्याता, प्रोफ़ेसर और डॉक्टर उपलब्ध रहें। अनुभवी और गुणी लोगों को ही शिक्षक के तौर पर चुना गया। विद्यार्थियों के लिए सर्वोन्नत सुविधाएँ उपलब्ध करवायी गयीं। आधुनिक उपकरण मँगवाये गये। उच्च कोटि की प्रयोगशालाएँ बनायी गयीं।

उधर लोगों के इलाज के लिए बने अस्पताल में भी शीर्ष क्रम के डॉक्टर नियुक्त किये गये। चिकित्सालय को सुपरस्पेशलिटी हॉस्पिटल के रूप में तब्दील किया गया। मरीज़ों को जाँच/परीक्षण के लिए दूसरी जगह न जाना पड़े, इस मक़सद से नवीनतम जाँच उपकरण ख़रीदे गये।

पहले दिन से ही लोगों ने एनआरआई मेडिकल कॉलेज की तारीफ़ करना शूरू कर दिया। पहले साल की समाप्ति के बाद लोगों के बीच यह धारणा बन गयी कि निजी क्षेत्र में यह मेडिकल कॉलेज आंध्रप्रदेश में 'नंबर वन' है। दूसरे साल से विद्यार्थियों के लिए यह कॉलेज निजी कॉलेजों में पहली पसंद बन गया। दूसरे साल मेडिकल कॉलेज में नये बैच में 150 विद्यार्थी शामिल करने की अनुमति मिल गयी।

एनआरआई मेडिकल कॉलेज की कामयाबी से उपेंद्रनाथ की छाती चौड़ी हो गयी। उन्हें इस परियोजना में जितनी ख़ुशी और संतुष्टि मिली, उतनी किसी अन्य परियोजना और निवेश में नहीं मिली।

इस परियोजना में उपेंद्रनाथ ने न सिर्फ़ समय और पूँजी का निवेश किया, बल्कि अपना जी-जान लगा दिया था।

एनआरआई अस्पताल की वजह से आसपास के लोगों को भी बहुत फ़ायदा हुआ। उन्हें अब बीमारियों का इलाज करवाने के लिए दूर जाने की ज़रूरत नहीं थी। उनके अपने इलाक़े में एक उन्नत स्तरीय अस्पताल आ गया था, जहाँ एक से बढ़िया एक डॉक्टर थे।

उपेंद्रनाथ ने समय निकालकर भारत के शल्य चिकित्सकों के साथ अपने अनुभव भी साझा किये। उन्होंने भारतीयों को अमेरिका में शल्य चिकित्सा के लिए अपनायी जाने वाले सबसे सुरक्षित और प्रभावी पद्धतियों के बारे में बताना, सिखाना शूरू किया। लेकिन इस प्रशिक्षण के शुरुआती दिनों में ही उपेंद्रनाथ को अहसास हो गया कि ज़्यादातर भारतीय डॉक्टर प्रैक्टिस शूरू करने के बाद किसी से सीखने के मूड में नहीं होते हैं। ज़्यादातर शल्य चिकित्सकों को यही लगता है कि उनकी टेकनीक सबसे श्रेष्ठ है। एक बात थी, जो उपेंद्रनाथ को काफ़ी विचित्र लगी। भारत में सक्रिय कई शल्य चिकित्सक बहुत तेज़ी से सर्जरी किया करते हैं। ऐसा माना जाता है कि जो जितनी जल्दी सर्जरी पूरी करे, वह उतना प्रभावशाली सर्जन है। जबकि अमेरिका में ऐसा नहीं था। वहाँ सर्जरी कभी भी तेज़ गति से नहीं की जाती थी। कोई जल्दबाज़ी नहीं होती थीं। सारी प्रक्रिया नियमबद्ध तरीक़े से की जाती थी और इसकी वजह से सर्जरी के कामयाब होने की संभावना सर्वाधिक होती थी। उपेंद्रनाथ ने भारत में सक्रिय कुछ डॉक्टरों को यह समझाने की कोशिश की कि सर्जरी में गति मायने नहीं रखती है। इस सुझाव से कई सर्जनों की नाक फूल गयी और उन्होंने उपेंद्रनाथ से मूँह फेर लिया था।

उपेंद्रनाथ को एक और बात बहुत अटपटी लगी। भारत के मेडिकल कॉलेजों में विद्यार्थी अपने प्रोफ़ेसरों और शिक्षकों से बहुत कम सवाल पूछते थे। कई विद्यार्थी तो ऐसे थे, जो कि सवाल पूछने को गुस्ताख़ी समझते थे। वे अपने शिक्षकों से बात करने से भी डरते थे। जबकि अमेरिका में विद्यार्थी अपने शिक्षकों से सवाल पर सवाल पूछते थे। जब तब जिज्ञासा दूर नहीं हो जाती, तब तक विद्यार्थी सवाल करते रहते थे। उपेंद्रनाथ ने विद्यार्थियों को समझाने की कोशिश कि शिक्षक की ज़िम्मेदारी है, वह सारी जिज्ञासाओं को दूर करने की कोशिश करे, इसी वजह से विद्यार्थियों को बेहिचक अपने शिक्षक से सवाल पूछने चाहिए और उनके जवाब सुनकर अपना ज्ञान बढ़ाना चाहिए। कई विद्यार्थी थे, जो यह समझते थे

कि सवाल पूछने पर उनकी अज्ञानता का पता चलेगा और उनका मज़ाक उड़ाया जाएगा। ऐसे विद्यार्थियों के लिए उपेंद्रनाथ का संदेश साफ़ है - सवाल पूछकर अज्ञानी कहलाना ठीक है, लेकिन सवाल न पूछकर जीवनभर अज्ञानी बने रहना मूर्खता है।

23

बैंकपति

बैंकर बन की बिलियन डॉलर की कमाई

उपेंद्रनाथ के जीवन में एक नया मोड़ उस समय आया, जब उनकी मुलाक़ात हिरेन पटेल नाम के एक छोटे कारोबारी से शिकागो में हुई। हिरेन पटेल बीएससी की पढ़ाई पूरी करने के बाद अमेरिका आ गये थे। शिकागो में उन्होंने अपने बसेरा जमाया। हिरेन पटेल में कारोबारी गुण थे। यही वजह थी कि बिना एक रुपये का निवेश किये उन्होंने शिकागो में अपना कारोबार शूरू किया था। दूरदर्शी होने की वजह से उन्होंने शिकागो में भारतीयों के लिए एक स्टोर की शुरुआत की। इस स्टोर में वे सारी चीज़ें रखी जाने लगीं, जो कि भारतीय लोग इस्तेमाल करते हैं। बात चाहे खान-पान की हो या फिर कपड़ों की। भारतीय लोगों की ज़रूरतों को पूरा करने वाला स्टोर बन गया हिरेन पटेल का स्टोर। उपेंद्रनाथ भी ज़रूरी सामान ख़रीदने हिरेन पटेल के स्टोर जाया करते थे। चूँकि नियमित ग्राहक थे, हिरेन पटेल ने उपेंद्रनाथ से दोस्ती कर ली। अब दोनों के बीच नियमित रूप से मुलाक़ातें और बातचीत होने लगी। हिरेन पटेल को पता चल गया कि डॉक्टरी पेशे से ख़ूब धन-दौलत और संपत्ति कमा चुके उपेंद्रनाथ अलग-अलग कारोबारी परियोजनाओं में निवेश करने की सोच रहे हैं। एक दिन मौक़ा देखकर हिरेन पटेल ने उपेंद्रनाथ से पूछ लिया, "क्यों न हम एक बैंक खोल दें?" यह बात सुनकर उपेंद्रनाथ काफ़ी हैरान हुए। उन्हें समझ नहीं आया कि बैंक से उनका क्या ताल्लुक़ है और उनके मित्र हिरेन बैंक खोलने की बात क्यों कर रहे हैं। उपेंद्रनाथ कारोबारी अनुभव से जान चुके थे कि दुनिया में कुछ भी मुफ़्त में नहीं मिलता। आइडिया भी कोई मुफ़्त में नहीं देता। मुफ़्त दी जाने वाली चीज़ों के पीछे देने वाले का स्वार्थ छिपा होता है। उपेंद्रनाथ ने समझना चाहा कि आख़िर बैंक क्यों खोलने की सलाह उन्हें दी जा रही है। इस पर हिरेन ने समझाया कि अमेरिका में भारतीय नागरिकों को बैंकों में आसानी से लोन नहीं मिल पाता है। अमेरिकी बैंक के अधिकारी भारतीयों पर विश्वास नहीं करते। कुछ

मामले ऐसे हुए हैं, जहाँ भारतीयों ने समय पर क़र्ज़ की राशि चुकता नहीं की। कुछ ऐसे भी थे, जो क़र्ज़ की रक़म लेकर रफूचक्कर हो गये। इस वजह से अमेरिकी बैंक भारतीय लोगों को आसानी से क़र्ज़ नहीं देते। अमेरिका में कई ऐसे भारतीय है, जिन्हें नया कारोबार शूरू करने के लिए राशि चाहिए। कई लोग ऐसे हैं, जो मकान बनवाना चाहते हैं, लेकिन उनके पास राशि नहीं है। ऐसे लोगों को भी क़र्ज़ चाहिए। किसी को अपने बच्चों की शिक्षा के लिए क़र्ज़ चाहिए, तो किसी तो अपने माता-पिता के इलाज के लिए। ऐसे में भारतीय लोगों की ज़रूरत पूरा करने के लिए एक बैंक की ज़रूरत है।

उपेंद्रनाथ को हिरेन पटेल की बात में दम नज़र आया। दोनों ने फ़ुर्सत में बैठकर बैंक की परियोजना पर चर्चा की। हिरेन पटेल की बातों से संतुष्ट होकर उपेंद्रनाथ ने हिरेन के साथ मिलकर बैंक शूरू करने का निर्णय कर लिया। दोनों ने मिलकर शिकागो में 'नेशनल रिपब्लिक बैंक ऑफ़ शिकागो' के नाम से बैंक की शुरुआत की। चूँकि इस बैंक ने अमेरिका में रह रहे भारतीय नागरिकों की बैंकिंग संबंधी ज़रूरतों को पूरा करने का भरोसा दिया, कई लोगों ने इस बैंक में अपने खाते खोले। कइयों ने लोन लिया। कइयों ने बड़ी रक़म सावधि जमा करवायी। कुछ ही दिनों में बैंक काफ़ी लोकप्रिय हो गया। खातादारों की संख्या लगातार बढ़ती चली गयी। बैंक को मुनाफ़ा भी होने लगा। मुनाफ़ा भी दिनोंदिन बढ़ता गया। जल्द ही नेशनल रिपब्लिक बैंक ऑफ़ शिकागो 'बिलियन डॉलर बैंक' बन गया।

उपेंद्रनाथ गुजरात के हिरेन पटेल की दूरदर्शिता और कारोबारी सूझ-बूझ पर फ़िदा हो गये। उन्हें समझ आ गया कि गुजरात के पटेल अमेरिका और ब्रिटेन में कामयाब किस तरह हुए हैं। हिरेन पटेल के साथ समय बिताने की वजह से उपेंद्रनाथ को यह भी मालूम हुआ कि पटेल समुदाय के लोग मूल रूप से कारोबारी दिमाग़ वाले होते हैं। मजबूरी में ही वे नौकरी करना पसंद करते हैं। हाथ में अच्छी-ख़ासी रक़म आने के बाद वे कारोबार करने की सोचने लगते हैं। पटेल लोग जोखिम उठाने से भी नहीं डरते। वे कारोबार करने और मुनाफ़ा कमाने के कोई भी मौक़े को आसानी से नहीं गँवाते हैं। कारोबार करने के लिए दुनिया के किसी भी कोने में जाने को तैयार रहते हैं।

हिरेन पटेल ने उपेंद्रनाथ को कारोबार से जुड़ी कई बातें समझायीं। एक तेलुगु भाषी डॉक्टर और एक गुजराती कारोबारी की जोड़ी ने शिकागो में धूम मचानी शूरू की। शायद यही बात अमेरिकी सरकार को खटकी भी। अमेरिकी सरकार ने बैंक की गतिविधियों पर अपनी निगरानी बढ़ा दी। इससे पटेल और उपेंद्रनाथ को कोई आपत्ति नहीं थी, लेकिन ऑडिट और सफ़ाई के नाम पर अमेरिकी अधिकारियों ने दोनों को परेशान करना शूरू किया। उपेंद्रनाथ सफ़ाई देते-देते तंग आ गये और उन्होंने बैंक से नाता तोड़ने का फ़ैसला

लिया। उन्हें लगा कि नदी में रहकर मगरमच्छ से बैर ठीक नहीं है। वे नहीं चाहते थे कि ऐसा कोई काम करें, जिससे अमेरीकी अधिकारी नाराज़ हों। उपेंद्रनाथ ने बैंक में अपने शेयर बेच दिये और भारी मुनाफ़े के साथ बैंक से बाहर आ गये।

बैंकिंग क्षेत्र में काम करने के दौरान उपेंद्रनाथ ने बहुत कुछ नया सीखा। उन्हें विदेश में रह रहे भारतीयों की मजबूरियों और परेशानियों को क़रीब से देखने और अनुभव करने का मौक़ा मिला। हिरेन पटेल से कारोबारी दाँव-पेंच भी सीखने को मिला।

सबसे बड़ी सीख जो उपेंद्रनाथ को मिली, वह यह थी कि किसी भी कारोबारी प्रस्ताव को हल्के में न लो और किसी भी व्यक्ति की ताक़त को उसकी हैसीयत की वजह से मत आंको। अगर उपेंद्रनाथ ख़ुद को बहुत बड़ा डॉक्टर मानकर एक छोटे कारोबारी की सलाह को नहीं मानते, तो अमेरिका में लाखों डॉलर नहीं कमा पाते। एक आईडिया में कितना दम हो सकता है, यह उन्होंने हिरेन पटेल से सीखा और समझा।

अक्सर अनुभवी लोग कहते हैं, जने-जने से मत कहो, कार भेद की बात। लेकिन उपेंद्रनाथ ने उद्यमी बनकर जो सबक़ सीखे थे, उनके बारे में लोगों को बताने में वे कभी नहीं हिचकिचाये। कई लोग होते हैं, जो कामयाब होने के बाद अपनी कामयाबी के राज़ किसी को नहीं बताते। सफलता के सूत्र अपने तक छिपाकर रखने की कोशिश करते हैं। लेकिन उपेंद्रनाथ खुले दिमाग़ के हैं। वे कहते हैं कि इंसान को कभी दूसरों के लिए काम नहीं करना चाहिए। हर इंसान को वही करना चाहिए, जो उसे अच्छा लगे। दूसरों को देखकर उद्यमी बनने से फ़ायदा नहीं होता। उद्यमी बनने की चाह होने पर ही उद्यमी बनना चाहिए। इंसान को कभी इस भ्रम में नहीं रहना चाहिए कि जीवन में चमत्कार होंगे, क़िस्मत अचानक से खुलेगी। इंसान को मेहनत करनी चाहिए। अपने दिमाग़ का हमेशा इस्तेमाल करना चाहिए। हर इंसान, ख़ासकर उद्यमी को चाहिए कि वह सबसे पहले अपने लक्ष्य निर्धारित करे। लक्ष्य हमेशा ऐसे होने चाहिए, जिन्हें हासिल किया जा सके। लक्ष्य निर्धारित करने के बाद उद्यमी को सिर्फ़ और सिर्फ़ लक्ष्य हासिल करने की दिशा में आगे बढ़ना चाहिए। कई लोग होंगे, जो रास्ता बदलने की सलाह देंगे। ऐसे लोगों से सावधान रहना चाहिए। बीच रास्ते में मुश्किलें आ सकती हैं। इन मुश्किलों से डरना या घबराना नहीं चाहिए। जो डर जाते हैं, वे हार जाते हैं और जो बिना डरे आगे बढ़ते हैं, उन्हें मंज़िल ज़रूर मिलती है। ज़िंदगी में क्या हासिल करना है? इस प्रश्न का उत्तर हर इंसान के पास होना चाहिए। जिस इंसान के पास इस सवाल का जवाब नहीं है, वह इधर-उधर भटकता रहता है।

अनुभव से एक और बड़ी बात उपेंद्रनाथ ने सीखी थी। उपेंद्रनाथ जान गये थे कि ज़बरदस्ती आप किसी को उद्यमी नहीं बना सकते हैं। जिस तरह आप किसी को ज़बरदस्ती

डॉक्टर नहीं बना सकते हैं, ठीक उसी तरह आप किसी को उद्यमी नहीं बना सकते हैं। कुछ बनने की, कुछ करने की इच्छा इंसान के अंदर होनी चाहिए। अगर करने की इच्छा नहीं है और इंसान पर वह काम थोपा जाता है, तो उस काम के परिणाम अच्छे नहीं होते। अभिभावक बच्चों का मार्गदर्शन कर सकते हैं। उन्हें अच्छे-बुरे की जानकारी दे सकते हैं। अलग-अलग अवसरों के बारे में अपने बच्चों को बताना अभिभावकों की ज़िम्मेदारी है। लेकिन अगर अभिभावक अपनी इच्छाओं को बच्चों पर थोपते हैं, यह बच्चों के साथ नाइंसाफ़ी है।

24

धर्मनिष्ठता

धर्म-कर्म से जुड़े कार्यों में लिया बढ़-चढ़कर हिस्सा, अमेरिका में छायी भारतीयता

उपेंद्रनाथ जब शिकागो पहली बार आये थे, तब वहाँ क़रीब साठ भारतीय परिवार थे। इनमें छह परिवार तेलुगु भाषी थे। लेकिन उपेंद्रनाथ के अमेरिका आने के कुछ सालों में कई भारतीय अमेरिका आ गये। सत्तर के दशक में भारत के अलग-अलग हिस्सों से लोग अमेरिका आने लगे थे। कई उच्च शिक्षा के लिए आये, तो कई नौकरी के लिए। सत्तर के दशक में अमेरिका में डॉक्टरों और इंजीनियरों की सख़्त ज़रूरत थीं। यहाँ बड़े पैमाने पर शोध-अनुसंधान हो रहा था। बड़ी-बड़ी परियोजनाओं को अमल में लाया जा रहा था। विकास कार्य तेज़ी से हो रहे थे।

उपेंद्रनाथ जैसे भारतीयों की कामयाबी से प्रभावित कई लोगों ने अमेरिका का रुख़ किया। अस्सी का दशक आते-आते सैकड़ों भारतीय शिकागो आकर बस गये। अमेरिका के अन्य शहरों में भी कई भारतीयों ने अपना बसेरा जमाया। अमेरिका के अलावा भारतीय डॉक्टर, इंजीनियर, तकनीशियन, कारोबारी, विद्यार्थी यूरोप भी गये। कई लोग तो ऐसे भी थे, जो पढ़ाई के मक़सद से अमेरिका गये थे लेकिन अच्छी नौकरी मिल जाने की वजह से वहीं बस गये। कई भारतीयों ने अमेरिका और दूसरे देशों में अपनी ख़ुद की कंपनियाँ खोल लीं। कइयों ने अपना ख़ुद का कारोबार शूरू कर दिया। कुछ सालों में सैकड़ों भारतीय अमेरिकी नागरिक बन गये।

शिकागो में भी भारतीयों की संख्या लगातार बढ़ती चली गयी। शिकागो संयुक्त राज्य अमेरिका का के इलिनॉय राज्य का सबसे सबसे बड़ा शहर है। यह न्यूयॉर्क और सन फ्रांसिस्को के बाद अमेरिका का तीसरा सबसे बड़ा शहर है। शिकागो शहर की कई ख़ूबियाँ हैं। इसी शहर में विश्व का सबसे बड़ा रेलवे जंक्शन भी है। यहाँ तीस से भी ज़्यादा रेल-मार्ग

मिलते हैं। मिशिगन झील के तट पर बसे इस शहर में बंदरगाह भी है। शिकागो में दुनिया की सबसे बड़ी माँसमंडी यानी कसाईख़ाना भी है। शहर के आसपास कई उद्योग-कारख़ाने हैं। एक मायने में शिकागो अमेरिका की व्यावसायिक और सांस्कृतिक राजधानी है।

न्यूयॉर्क के बाद शिकागो ही ऐसा शहर है, जहाँ भारतीयों की आबादी सबसे ज़्यादा है। शिकागो शहर से भारतीयों का काफ़ी लगाव रहा है। यही वह शहर है, जहाँ भारत के महान दार्शनिक और आध्यात्मिक गुरु स्वामी विवेकानंद ने भारत, भारतीयता और हिंदू धर्म के बारे में ऐतिहासिक व्याख्यान दिया था। स्वामी विवेकानंद ने 11 सितंबर 1893 को शिकागो में हुए विश्व धर्म सम्मेलन में यह व्याख्यान दिया था और इसकी चर्चा दुनियाभर में हुई थी। इस व्याख्यान के ज़रिये स्वामी विवेकानंद ने दुनिया को भारत की महानता के बारे में शानदार तरीक़े से बताया था।

स्वामी विवेकानंद के कहा था, "मुझे गर्व है कि मैं उस धर्म से हूँ, जिसने दुनिया को सहिष्णुता और सार्वभौमिक स्वीकृति का पाठ पढ़ाया है। हम सिर्फ़ सार्वभौमिक सहिष्णुता पर ही विश्वास नहीं करते, बल्कि हम सभी धर्मों को सच के रूप में स्वीकार करते हैं।" उन्होंने आगे कहा था, "मुझे गर्व है कि मैं उस देश से हूँ, जिसने सभी धर्मों और सभी देशों के सताये गये लोगों को अपने यहाँ शरण दी। मुझे गर्व है कि हमने अपने दिल में इसराइल की वो पवित्र यादें संजो रखी हैं, जिनमें उनके धर्मस्थलों को रोमन हमलावरों ने तहस-नहस कर दिया था और फिर उन्होंने दक्षिण भारत में शरण ली।" विवेकानंद ने कहा था, "मुझे गर्व है कि मैं एक ऐसे धर्म से हूँ, जिसने पारसी धर्म के लोगों को शरण दी और लगातार अब भी उनकी मदद कर रहा है। स्वामी विवेकानंद ने यह भी कहा, "जिस तरह अलग-अलग जगहों से निकली नदियाँ, अलग-अलग रास्तों से होकर आख़िरकार समुद्र में मिल जाती हैं, ठीक उसी तरह मनुष्य अपनी इच्छा से अलग-अलग रास्ते चुनता है। ये रास्ते देखने में भले ही अलग-अलग लगते हैं, लेकिन ये सब ईश्वर तक ही जाते हैं।" स्वामी ने आगे कहा कि, " सांप्रदायिकता, कट्टरता और इसके भयानक वंशजों के धार्मिक हठ ने लंबे समय से इस ख़ूबसूरत धरती को जकड़ रखा है। उन्होंने इस धरती को हिंसा से भर दिया है और कितनी ही बार यह धरती ख़ून से लाल हो चुकी है। न जाने कितनी सभ्यताएँ तबाह हुईं और कितने देश मिटा दिये गये। यदि ये ख़ौफ़नाक राक्षस नहीं होते, तो मानव समाज कहीं ज़्यादा बेहतर होता, जितना कि अभी है। लेकिन उनका वक़्त अब पूरा हो चुका है। मुझे उम्मीद है कि इस सम्मेलन का बिगुल सभी तरह की कट्टरता, हठधर्मिता और दुखों का विनाश करने वाला होगा, चाहे वह तलवार से हो या फिर कलम से।"

इस ऐतिहासिक व्याख्यान की वजह से विवेकानंद के जीवन में शिकागो का महत्व काफ़ी बढ़ गया। गया। जब भी उनके बारे में बात होती है, शिकागो में दिये उनके व्याख्यान को याद किया जाता है।

जब शिकागो में भारतीय परिवारों की संख्या काफ़ी बड़ी हो गयी, तब भारतीयों ने भाषाई आधार पर, राज्यों के आधार पर अपने-अपने संगठन बना लिये। तेलुगुभाषियों ने अपना संगठन बनाया। इसी तरह तमिलभाषियों और गुजरातीभाषियों ने अपना-अपना संगठन बनाया। इन संगठनों/संघों ने नियमित रूप से सांस्कृतिक और धार्मिक कार्यक्रम आयोजित करने शूरू किये ताकि अमेरिका में रहते हुए भी भारतीय लोग अपनी संस्कृति, अपना धर्म, रीति-रिवाज और परंपराओं को न भूलें। शिकागो में तेलुगुभाषियों ने मिलकर 'तेलुगु एसोसिएशन ऑफ़ ग्रेटर शिकागो' बनाया। साल 1977 में इस संघ के अध्यक्ष थे तिरुपतय्या। तिरुपतय्या ने शिकागो में एक मंदिर बनवाने का प्रस्ताव रखा। न सिर्फ़ तेलुगुभाषियों, बल्कि सभी भारतीयों को यह प्रस्ताव पसंद आया। लेकिन कई लोगों को यह संदेह था कि क्या स्थानीय सरकार मंदिर बनाने की इज़ाज़त देगी। लेकिन भारतीयों ने नियमों के मुताबिक़ काम करते हुए मंदिर बनाने का फ़ैसला लिया। शिकागो में बसे भारतीयों ने मंदिर की स्थापना और संचालन के लिए 'द हिंदू टेम्पल ऑफ़ ग्रेटर शिकागो' नाम से एक निर्लाभ-संगठन बनाया। इसी संगठन ने शिकागो में मंदिर निर्माण की प्रक्रिया शूरू की। इस प्रक्रिया में गल्ला रामचंद्र नायुडु, उमापति, बी. चंद्रशेखर रेड्डी, सी. नटराजन, बी. शेषाद्रि, पी. कृष्णन, एम.पट्टाभिरामन, सुरेंद्र गोयल, अरुण मनसुखानी जैसे लोगों ने महती भूमिका अदा की। इस दौरान नियमित रूप से धार्मिक और सांस्कृतिक कार्यक्रमों का आयोजन किया जाने लगा। इन आयोजनों से कई फ़ायदे हुए। शिकागो में बसे भारतीयों को संगठित होने, नियमित रूप से मिलने, एक-दूसरे का हाल-चाल जानने, एक-दूसरे की मदद करने का अवसर मिला। इतना ही नहीं, अपनी परंपराओं और संस्कृति को क़ायम रखने में भी मदद मिली। 17 जून 1984 को आंध्रप्रदेश के मुख्यमंत्री नंदमूरि तारक रामा राव ने मंदिर की आधारशिला रखी। सबसे पहले श्री गणेश का मंदिर बना। इसके बाद राम मंदिर बना। मंदिर निर्माण के लिए कई भारतीयों ने खुलकर राशि दान की। कई लोगों के श्रमदान किया।

उपेंद्रनाथ और उनकी पत्नी भी नियमित रूप से मंदिर-निर्माण में अपना योगदान देते रहे। पति-पत्नी अपने बच्चों के साथ नियमित रूप से मंदिर जाने लगे। उषा मंदिर में आयोजित होने वाले सांस्कृतिक और धार्मिक कार्यक्रमों में बढ़-चढ़ कर हिस्सा लेने लगीं। एक स्वयंसेवक के रूप में उषा ने काफ़ी काम किया।

सेवा-भाव और समर्पण-भाव को देखकर उपेंद्रनाथ को नब्बे दशक की शुरुआत में 'द हिंदू टेम्पल ऑफ़ ग्रेटर शिकागो' का अध्यक्ष चुना गया। उन्होंने अध्यक्ष बनने के बाद ख़ुद को मंदिर के विकास कार्यों में भी समर्पित कर दिया। दानदाताओं की मदद से मंदिर का विकास किया। धार्मिक कार्यक्रमों के लिए आवश्यक निधि जुटाने के लिए सांस्कृतिक कार्यक्रमों का आयोजन करवाया। अमेरिका में रह रहे तेलुगुभाषी परिवारों के बच्चे तेलुगु भूल न जाएँ और अपनी भाषा में लिखना-पढ़ना सीखें, इस मक़सद से तेलुगु की विशेष कक्षाएँ भी शूरू करवायीं।

उपेंद्रनाथ शूरू से ही धार्मिक और आध्यात्मिक प्रवित्ति के रहे। ईश्वर में भी उनका विश्वास हमेशा एक जैसा बना रहा। लेकिन शायद यह तेनाली के कुछ वामपंथी नेताओं, नास्तिक नेताओं, क्रांतिकारियों का प्रभाव था कि उपेंद्रनाथ ने हमेशा दिखावे और पाखंड का विरोध किया। पूजा-पाठ, धार्मिक अनुष्ठान के लिए एक समुदाय विशेष के लोगों पर निर्भर रहने के वे सख़्त विरोधी रहे। उपेंद्रनाथ का मानना है कि भगवान और भक्त के बीच संवाद स्थापित करने के लिए किसी और की ज़रूरत नहीं होती। वे यह भी मानते हैं कि मानव-सेवा ही सच्ची माधव-सेवा है। उपेंद्रनाथ अब भी पूजा-पाठ ख़ुद से करते हैं और वे इस कार्य में किसी की मदद नहीं लेते।

25

संतुष्टि

मेडिकल कॉलेज की कामयाबियाँ गिनाते हुए फूले नहीं समाते

उपेंद्रनाथ के लिए जीवन में उस समय एक बड़ा मुश्किल दौर आया, जब एनआरआई मेडिकल कॉलेज को चलाने वाले लोगों यानी कंपनी के निदेशकों के बीच मतभेद उत्पन्न हुए। कुछ मुद्दों को लेकर निदेशक दो गुटों में बंट गये। एक गुट के सदस्यों ने दूसरे गुट के सदस्यों पर तरह-तरह के आरोप लगाये। किसी पर मनमानी करने का आरोप लगा, तो किसी पर भाई-भतीजावाद को बढ़ावा देने का आरोप लगा। कुछ निदेशकों पर अनियमितता बरतने का भी आरोप लगा। दोनों गुटों में अविश्वास इतना बढ़ गया कि मामला कोर्ट तक पहुँचा। मामले के सार्वजनिक होने की वजह से कॉलेज की प्रतिष्ठा को धक्का लगा। उपेंद्रनाथ इन सब से बहुत आहात हुए।

तीस निवेशक थे। सभी के अपने-अपने विचार थे, मत थे, अभिमत थे। जेते जग में मनुज हैं, तेते अहैं विचार। सब अपनी बात मनवाना चाहते थे। जब कई लोग किसी एक मुद्दे पर अपनी-अपनी अलग राय रखने लगते हैं, तब मामला और उलझ जाता है। उपेंद्रनाथ जानते थे कि कुछ निदेशकों अहम्-भाव की वजह से समस्याएँ उत्पन्न हुई हैं। उन्होंने नाराज़ निदेशकों का मनाने की कोशिश शूरू की। सभी निदेशकों को एक मंच पर लाया और बातचीत के ज़रिये शंकाएँ और आशंकाएँ दूर करने का अवसर खड़ा किया। मेडिकल विद्यार्थियों के उज्जवल भविष्य और ग़रीब लोगों की भलाई के लिए सभी निदेशकों ने आपसी मतभेद भूलकर, दुबारा एकसाथ मिलकर काम करने का प्रण लिया। सभी के एक-दूसरे को भरोसा दिया कि वे मेडिकल कॉलेज और अस्पताल के संचालन के मामले में पूरी पारदर्शिता बरतेंगे और जवाबदेही के साथ काम करेंगे। इसके बाद एक बार फिर एनआरआई मेडिकल कॉलेज तरक़्क़ी की राह पर चल पड़ा।

कुछ समय बाद उपेंद्रनाथ को मेडिकल कॉलेज और अस्पताल चलाने वाली संस्था का अध्यक्ष चुना गया। अध्यक्ष के रूप में ज़िम्मेदारियाँ निभाते हुए उपेंद्रनाथ ने एनआरआई मेडिकल कॉलेज की लोकप्रियता और प्रतिष्ठा को नयी ऊँचाइयों पर पहुँचा दिया।

मौजूदा समय में एनआरआई अस्पताल काफ़ी लोकप्रिय है। यह अब 750 बिस्तरों वाला बड़ा अस्पताल है। अस्पताल में नवीनतम उपकरण मौजूद हैं। अनुभवी डॉक्टरों और सर्जनों की टीम चौबीस घंटे मरीज़ों के इलाज में लगी रहती है। चूँकि इस अस्पताल का मक़सद मुनाफ़ा जुटाना नहीं है, यहाँ पर वाजिब शुल्क पर लोगों का इलाज किया जाता है। यहाँ पर बड़े से बड़े रोग के इलाज की सुविधा मौजूद है। मंगलगिरी और आसपास के लोगों के लिए यह अस्पताल वरदान साबित हुआ है।

मेडिकल कॉलेज हर साल देश और दुनिया को बेहतरीन डॉक्टर दे रहा है। हर साल अब 200 विद्यार्थी यहाँ से एमबीबीएस की डिग्री लेकर समाज-सेवा में जुट रहे हैं। डॉक्टर ऑफ़ मेडिसिन और मास्टर ऑफ़ सर्जरी जैसे पोस्ट ग्रेजुएट कोर्स भी शूरू हो गये हैं। कार्डियोलॉजी, क्रिटिकल केयर मेडिसिन, न्यूरोसर्जरी, सीटी सर्जरी और यूरोलॉजी में सुपरस्पेशलिटी कोर्स भी चालू हैं। कई पैरामेडिकल कोर्स भी चलाये जा रहे हैं। एनआरआई मेडिकल कॉलेज की गिनती आंध्रप्रदेश ही नहीं, बल्कि पूरे दक्षिण भारत के श्रेष्ठ मेडिकल कॉलेजों में होती है। उपेंद्रनाथ एनआरआई अस्पताल और मेडिकल कॉलेज की कामयाबियाँ गिनाते हुए फूले नहीं समाते हैं। वे बड़े गर्व से यह कहते हैं कि यह कॉलेज मेरे दिमाग़ की उपज का नतीजा है और यही मेरे जीवन की सबसे बड़ी सफलता भी है। सच भी है, इंसान की पहचान उसकी उपलब्धियों से होती है।

26

अनुभूति

अमेरिका की ख़ूबियाँ बहुत भायीं

उपेंद्रनाथ की बेटी माधवी ने अर्थ-शास्त्र में ग्रेजुएशन किया और बैंक में नौकरी करने लगीं। माधवी को एक श्वेत अमेरिकी लड़के से प्यार हो गया। यह लड़का भी माधवी को बहुत चाहता था। दोनों ने शादी करने का फ़ैसला लिया। दोनों के परिवारवालों ने शादी के लिए हामी भर दी। शादी के बाद माधवी अपने पति के घर चली गयीं, जो कि शेयर बाज़ार के कारोबारी थे।

उपेंद्रनाथ को हमेशा अमेरिका ख़ूबियों से भरा देश लगा। अमेरिका में अभिभावक बच्चों को जिस तरह की आज़ादी देते थे, वह भी उन्हें बहुत पसंद आयी। कई अभिभावक ऐसे थे, जो कि बच्चों पर किसी तरह का कोई दबाव नहीं डालते थे। बच्चों को अपनी इच्छा के अनुसार काम करने, बड़ा होकर अपनी इच्छा के अनुसार पढ़ाई के विषय चुनने, पेशा चुनने, जीवन-साथी चुनने की आज़ादी थी। उपेंद्रनाथ को महसूस हुआ कि भारत में कई अभिभावक अपने विचार और अपनी इच्छाएँ बच्चों पर थोपते हैं। बच्चों को अपनी इच्छा अनुसार काम करने नहीं देते। वे चाहते हैं कि उनके बच्चे वैसा ही करें, जैसा कि वे कहें। अपने बच्चे को डॉक्टर या इंजीनियर बनाने के लिए अभिभावक बच्चों पर अनुचित और अनैतिक दबाव डालते हैं, जबकि अमेरिका में कई लोग अपने बच्चों को अपनी मर्ज़ी के मुताबिक़ जीने और आगे बढ़ने की पूरी आज़ादी देते हैं। भारतीयों के उलट अमेरिका के डॉक्टर नहीं चाहते कि उनका लड़का या लड़की भी उनकी तरह डॉक्टर बने। वे अपनी संतान को अपना पेशा ख़ुद चुनने की पूरी आज़ादी देते हैं। अमेरिका में आ बसने के बाद उपेंद्रनाथ ने भी अमेरिकियों के कई गुण अपना लिये।

एक और बात थी, जो उपेंद्रनाथ को बहुत पसंद आयी। अमेरिका में लोग अपने काम के प्रति ईमानदार होते हैं। पेशा चाहे जो भी हो, उसका वे सम्मान करते हैं। काम उनके लिए

कोई छोटा-बड़ा नहीं होता। डॉक्टर हो या बढ़ई, इंजीनियर हो या इलेक्ट्रीशियन, उद्योगपति हो या मजदूर, कारोबारी हो या किसान, इंसान-इंसान में फ़र्क़ नहीं किया जाता। सभी को एक समान सम्मान मिलता है। इससे भी बड़ी बात यह कि अमेरिकी लोग किसी काम को छोटा या ओछा नहीं समझते हैं। मसलन भारत में मजदूर होना, या फिर इलेक्ट्रीशियन या कारपेंटर होना, सफ़ाई कर्मचारी होना, समाज में छोटे दर्ज़े वाला माना जाता है, लेकिन अमेरिका में हर हुनर की क़द्र होती है। लोग ससम्मान अपना काम करते हैं, अपनी नौकरी करते हैं।

27

वेदना

एक डॉक्टर की लापरवाही ने छीना जीवन-साथी

एक बार छुट्टियों मनाने के लिए उपेंद्रनाथ अपनी पत्नी को साथ लेकर जमैका गये। मौज-मस्ती का माहौल था। अचानक उषा की तबीयत बिगड़ गयी। उषा को ऐसा लगा कि कोई उनके शरीर से सारी ताक़त खींच रहा है। वे लगातार कमज़ोर होती जा रही थीं। उपेंद्रनाथ को समझने में देर न लगी। वे अपनी पत्नी को वापस अमेरिका ले आये। सीटी स्कैन करने पर पता चला कि उषा के जिगर में ट्यूमर है। ट्यूमर कुछ ही दिनों में शरीर के दूसरे अंगों में भी फैल गया। सेहत लगातार बिगड़ी चली गयी। इलाज जारी था।

उषा को इससे पहले भी कैंसर हुआ था। साल 2001 में उन्हें पाचक-ग्रंथी में कैंसर हुआ था। लेकिन जल्द ही कैंसर का पता चलने की वजह से उसे दूर किया जा सका। अमेरिका में सर्जरी की गयी और डॉक्टरों की टीम कैंसर को ख़त्म करने में कामयाब रही थी। इसके बाद साल 2005 में फिर एक बार फिर उषा की तबीयत बिगड़ी। इस बार भी जब जाँच करायी गयी, तब पता चला कि कैंसर हुआ है। इस बार कैंसर स्माल बाल में हुआ था। इस बार भी डॉक्टरों ने सर्जरी की और कैंसर को दूर किया।

उषा न पहली बार घबरायी थीं, न दूसरी बार। वे डॉक्टर थीं और अच्छे से जानती थीं कि शरीर में बदलाव किस तरह, क्यों और कब होते हैं। वे मौत से नहीं डरती थीं। उनका विश्वास अटल था और विपरीत परिस्थितियों में भी उनका मनोबल ऊँचा रहता था। वे एक योद्धा की तरह थीं। लेकिन जब तीसरी बार कैंसर हुआ और इसकी वजह से जिस तरह से उनका शरीर कमज़ोर पड़ा, उन्हें यक़ीन हो गया कि इस बार वे मौत से लड़ाई हार जाएँगी।

उपेंद्रनाथ उषा की इस हालत के लिए एक कैंसर रोग विशेषज्ञ को दोषी मान रहे थे। उषा इन्हीं डॉक्टर के पास इलाज करवा रही थीं। जब भी उषा जाँच के लिए जातीं, यह

डॉक्टर हमेशा कहतीं कि सब कुछ ठीक है और घबराने की कोई बात नहीं है। उपेंद्रनाथ और उषा हमेशा सीटी स्कैन करवाने की बात करते, लेकिन यह डॉक्टर हमेशा मना करतीं और कहतीं कि सब सामान्य है और स्कैन की बिल्कुल ज़रूरत नहीं। उपेंद्रनाथ को लगा कि इस डॉक्टर की बातों में आकर वे धोका खा गये। अगर पहले स्कैन करवा लिया गया होता, तो शायद कैंसर का पता उसी समय चल जाता और उसे शरीर से बाहर करने में भी आसानी होती। लेकिन इस बार कैंसर इतना फैल चुका था कि उसे निकालना मुश्किल था। 20 अक्टूबर, 2018 को उषा सभी को अलविदा कह कर इस दुनिया से चली गयीं। उपेंद्रनाथ की सबसे अच्छी दोस्त, उनकी जीवन-साथी उन्हें छोड़कर परलोक सिधार गयीं।

28

समर्पण

शेष जीवन समाज-सेवा करने को वचनबद्ध

जीवन के 56 साल उपेंद्रनाथ ने उषा के साथ बिताये। सुख-दुःख की साथी के चले जाने से उपेंद्रनाथ को बहुत पीड़ा हुई। पत्नी की मौत से पहुँचे सदमे से उभरने के बाद उपेंद्रनाथ ने अपना शेष जीवन समाज-सेवा में समर्पित करने का संकल्प लिया। उन्होंने प्रण किया कि वे जब तक जीवित रहेंगे, तब तक ज़रूरतमंद लोगों और ग़रीबों की मदद करेंगे। उपेंद्रनाथ ने रंगराया मेडिकल कॉलेज में नया महिला और शिशु विभाग बनवाने के लिए बड़ी राशि दान दी है। इस भवन को उनकी पत्नी उषा रानी का नाम दिया गया है। साल 1977 में आंध्रप्रदेश सरकार ने रंगराया मेडिकल कॉलेज का प्रबंधन अपने हाथ में ले लिया था। 1981 में यह पूर्ण रूप से सरकारी मेडिकल कॉलेज हो गया। चूँकि इसी कॉलेज में पढ़ाई के दौरान उपेंद्रनाथ को उनकी जीवन-साथी मिली थी और इसी कॉलेज की वजह से दोनों डॉक्टर बन पाये थे, संस्था के प्रति अपने प्यार और सम्मान की निशानी के तौर पर महिला और शिशु विभाग के साथ अपनी पत्नी का नाम जोड़ने का फ़ैसला लिया। उपेंद्रनाथ ज़रूरतमंद बुज़ुर्गों की सेवा के लिए एक वृद्धाश्रम भी खोलना चाहते हैं। सड़कों और गंदी गलियों में जीवन यापन करने वाले बच्चों के कल्याण के लिए वे एक बृहद योजना बना चुके हैं। वे अपनी भतीजी के अस्पताल के विकास में भी बड़ी भूमिका निभाना चाहते हैं। उनकी भतीजी ने ओडिशा की राजधानी भुबनेश्वर में 'श्री हॉस्पिटल' के नाम से एक चिकित्सालय खोला है। उपेंद्रनाथ अपने अनुभव के आधार पर इस राज्य का सबसे बेहतरीन अस्पताल बनाना चाहते हैं।

उपेंद्रनाथ की उम्र 80 साल पार है। वे न अभी थके हैं और न ही ख़ुद को रिटायरमेंट के क़रीब पाते हैं। उनके हौसले बुलंद हैं और वे अपनी आख़िरी साँस तक लोगों की सेवा करना चाहते हैं। उन्हें अब तक के अपने जीवन में इसी बात की सबसे ज़्यादा ख़ुशी है कि

उन्होंने एनआरआई मेडिकल कॉलेज के ज़रिये दुनिया को शानदार डॉक्टर दिये हैं और एनआरआई हॉस्पिटल के ज़रिये लाखों लोगों का इलाज करवाया है। कोविड महामारी के दौर में भी अस्पताल ने कई लोगों का इलाज किया। एनआरआई हॉस्पिटल में कोविड केयर सेंटर भी बनाया गया और यहाँ कोविड के मरीज़ों का इलाज भी हुआ।

Simulation

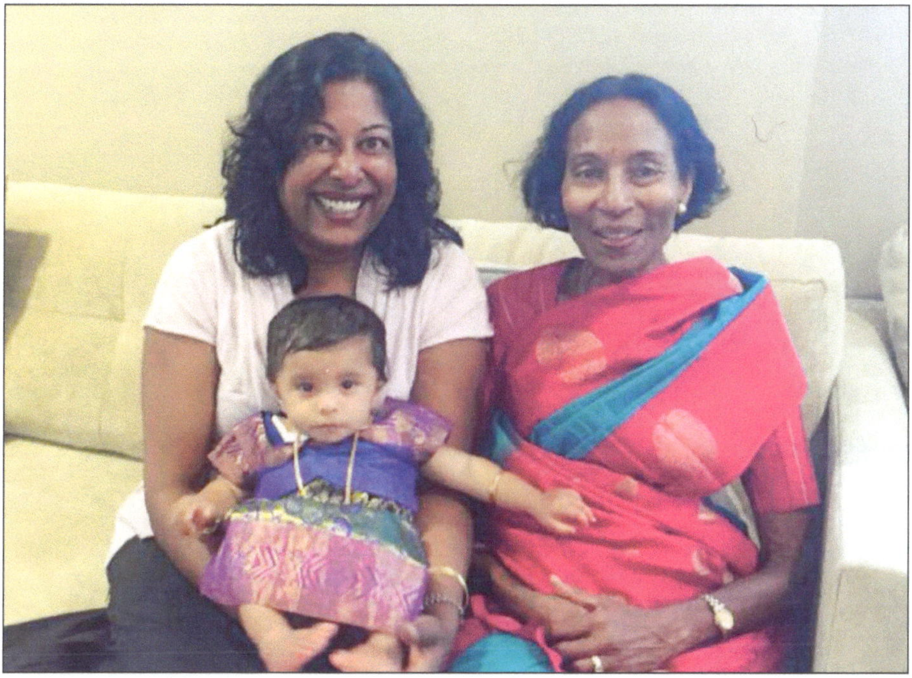